诗人的心

叶至善 著

陕西师范大学出版总社

图书代号：WX17N0182

图书在版编目（CIP）数据

诗人的心 / 叶至善著. — 西安：陕西师范大学出版总社有限公司，2017.6
ISBN 978-7-5613-9037-5

Ⅰ.①诗… Ⅱ.①叶… Ⅲ.①诗歌欣赏—中国—当代 Ⅳ.①I207.22

中国版本图书馆CIP数据核字（2017）第085275号

诗人的心
SHIREN DE XIN

叶至善 著

选题策划	刘东风　红　柯
出版统筹	郭永新
责任编辑	高　歌
封面设计	观止堂_未珉
出版发行	陕西师范大学出版总社
	（西安市长安南路199号　邮编710062）
网　　址	http://www.snupg.com
印　　刷	西安市建明工贸有限责任公司
开　　本	880mm×1230mm　1/32
印　　张	7.5
字　　数	120千
版　　次	2017年6月第1版
印　　次	2017年6月第1次印刷
书　　号	ISBN 978-7-5613-9037-5
定　　价	29.80元

读者购书、书店添货或发现印刷装订问题，请与本公司营销部联系、调换。
电话：（029）85307864　85303629　传真：（029）85303879

文学与教育

红 柯

二〇一六年十月二十八日执教整整三十年的我第一次踏上江南的土地，来到苏州市甪直镇参加第三届叶圣陶教师文学奖颁奖仪式。获奖者除过曹文轩、叶炜、余一鸣和我几个大学教师外，大多都是中小学教师。

我曾经是新疆伊犁州技工学校的语文老师，曾让我引以为豪的是一九九四年第四期上海《语文学习》杂志"全国优秀青年语文教师"专栏发表了我的有关语文教学的论文，其中我的个人简介中有一句话就是"像叶圣陶那样做教师"。几十年后我来到叶圣陶当年从事教育与创作的苏州市吴中区甪直镇，苏州人出于对叶圣陶的热爱，把当年叶圣陶执教的实验小学遗址修建成叶圣陶纪念馆。叶圣陶陵墓旁边有一片耕地，有蔬菜有庄稼，还有一个稻草人，让人一下子想到中国第一部儿童文学作品《稻草人》，更让人惊喜的是，讲解员告诉我们这块庄稼地就是叶圣陶当年进行教育实验的重要环节之一——生生农场,叶圣陶曾亲自带学生浇水施肥种庄稼种蔬菜,孩子们吃的都是自己的劳动成果。

  叶圣陶一九一七年到苏州吴县第五高等小学执教,开始了教育改革的实验。而就在一九一五年,法国人史怀泽在非洲丛林行医,几只河马与他所乘坐的船并排而游,史怀泽一下子顿悟到了生命的伟大和神圣,"敬畏生命"的思想油然而生,将伦理学范围由人扩展到所有生命,这已经接近关中大儒张载"民胞物与"的思想了。在中国的江南小镇,叶圣陶跟孩子们一起种田,《稻草人》不再是文字不再是纸上谈兵而是行动是实践。我相信任何一个童年时代与泥土亲密接触过的人都有一颗善良的心。苏霍姆林斯基告诫那些工农家庭的家长让孩子劳动,劳动胜过一切;夸美纽斯《大教学论》中也是如此;欧美国家的孩子们童年时代都是在乡间度过的。我也相信任何一个从事语文教学的教师手头上都有叶圣陶的《文章例话》、叶至善三兄妹的《花萼与三叶》。我在伊犁州技工学校执教十年间,校长信任我,课堂上允许我自编教材,以讲解《论语》《曾国藩教子书》古典诗词为主,而其余大半时间我则带学生实习,尤其是驾驶班,都在野外活动,使学生们对群山草原戈壁大漠烈日豪雨暴风雪沙尘暴都有了切肤之感。

  一九九二年我读到史怀泽的《敬畏生命》,在与大漠的切身体验相结合之后,我结束了诗歌创作,转向更辽阔的小说世界。万物有灵、万物生而有翼、敬畏生命成为我的创作理念。《生命树》中的王蓝蓝、吴莉莉,《喀拉布风暴》中的张子鱼、叶海亚,《大河》中的女兵,《少女萨吾尔登》中的张海燕都是中小学教师,《乌尔禾》中的王卫疆是技校毕业生。我的第一本散文集《敬畏苍天》,既是我对西域大漠万物有灵的回应,也是对史怀泽《敬畏生命》的致敬之作。回陕西后的二十年间,我执教于宝鸡文理学院与陕西师范大学,我主讲两门课——《文学与人生》《文学与体验》。《文学与人生》的核心内容就是:童年以神话、童话、科幻、儿童文学为主,重在幻想与想象,我所有的作品都有童话色彩;青少年以诗歌为主,诗歌重在情感。想象力是创作力,而情感就是动力,这两种能力要在幼儿园、中小学时期完成,有了这两种能力,进入大学才有可能运用逻辑思维创作以经验为主的小说。而散文是老年人的,重在智慧。《文学与体验》以生命体验为主,生命有原创和次生之分,我们今天的文学缺乏的就是原创,首先是生命的原创性,次生生命盛行的时代,体验尤为重要。

  叶圣陶教育思想的核心理念就是:只有做学生的学生,才能做学生的先生;教是为了不教;千教万教,教人求真,千学万学,学做真人;教师不是教书,是教学生;教育的目的是育不是罚。我这个把天山当成第二故乡的关中子弟在天山脚下读到叶圣陶的名言——"对于一个有思想的人来说,没有一个地方是荒凉地带",西域大漠就成了我文学世界中的"真镜花园";而叶圣陶另一句名言——"你,本身就是一首美丽动人的诗",正是这句话,使我在天山脚下从容不迫地从诗歌转向小说，所有的小说都含有诗意，也正是这句话让我把叶圣陶与中亚古代的大诗人萨迪、哈菲兹、鲁米联系在一起。

二〇一六年十月二十八日的苏州之行，又让我把叶圣陶与史怀泽联系在一起，把生生农场与丛林诊所联系在一起。叶圣陶叶至善叶小沫叶兆言们就这样给美丽的苏州添上了浓墨重彩的一笔。叶至善许多著作中专门有一本《诗人的心》，解读古今中外优秀诗歌，其中竟然有亚美尼亚民族史诗《沙逊的大卫》，这让我再次联想到中国的三大史诗《江格尔》《玛纳斯》《格萨尔王传》，我立即把这个快要绝版的《诗人的心》介绍给陕西师范大学出版总社。从这本书中，我看到一颗纯真的诗人的心，一个时代的良知和良心。

爸爸和他的《诗人的心》

叶小沫

在爸爸（叶至善）的作品集里，有两本薄薄的小集子，一本是《古诗词新唱》，一本就是《诗人的心》。别看这两本集子薄，可都是爸爸别出心裁的用心之作，就像园丁对待他花园里的花一样，虽然有些小花常常会被观花者忽视，但是园丁不会因为它们小而怠慢了它们，同样会精心地侍弄，甚至会格外地怜爱。正所谓：天意怜幽草。

从爸爸写在《诗人的心》前面的"写者自白"里我知道，"诗人的心"原本是一九四五年，在爷爷（叶圣陶）和爸爸一起筹办《开明少年》时，给少年朋友介绍诗歌作品栏目的栏题。在这本为青少年办的杂志中，父子俩设计了许多在那个时代看来非常先进和有趣的栏目。比如：讲国际时事的《望望世界》，介绍科技常识的《任何人的科学》，介绍人类在各方面取得成就的《时间前进吧》，介绍有益人体成长知识的《人是怎样变成巨人的》，介绍古今中外小说的《书的缩影》，还有就是介绍诗歌作品的《诗人的心》。

爸爸在《诗人的心》的"写者自白"中说：（当时）把这一栏叫作《诗人的心》我们是有用意的。我们不相信光靠辞藻和技巧能写出什么好诗来。一首好诗，一定是诗人的感情的真实的流露，他对生活的感受实在太深刻了，因而不得不用精粹的语言把他的感受表达出来。所以我们想，把好诗介绍给少年们。除了注释和讲解，还得引导他们，跟他们一同揣摩诗人的心，这样才能使他们的鉴赏能力和精神境界有所提高。这短短的五句话，说明了父子俩创办这样一个栏目的用意和宗旨。尤其是其中的"引导"二字，更表明了他们在这个栏目中所要扮演的只不过是"引导员"的角色。其实这哪里是他们在这个栏目中所独有的角色，根本就是他们俩在办这本杂志时所遵循的宗旨。实际上他们一生都在做着把青少年"引导"到路口，送他们上路的"引导员"。他们俩不把个人的名利放在心上，单单把"引导员"这个职业看得高于一切，为此做着他们所能做的一切。我常常想，这就是人们在提到爷爷的时候，首先说到的是教育家，而后才是作家的原因；这也是人们在提到爸爸的时候，首先说到的是编辑，而后才是作家的原因吧。现在提起的《诗人的心》，仅仅是他们所做的"引导"工作中的一种。在《开明少年》出刊的七十多期里，他们给少年朋友介绍的诗和词有二十几首。

不过爸爸在一九八四年出版的《诗人的心》，并不是《开明少年》中讲的那二十几首诗的集结本，而是他在三十多年后，重又捡起这个栏目，向少年们介绍的诗歌，只是范围缩小了，只介绍我国的新诗。爸爸在"写者自白"里说：我曾经向几种少年报刊的编辑同志建议，请他们不要只顾介绍旧诗旧词，也要适当介绍"五四"以来的新诗，因为新诗反映了我国的新民主主义革命时代和社会主义建设时代，反映了在这一段伟大的历史时期中，我国人民的生活、斗争、思想、感情，这些都是现代少年应该了解的。……编辑同志都说我的想法很好，一定照我说的去做。可是隔了半年一年，在他们编的报刊上，还不见介绍新诗的文章出现。我等不及了，发了愿心自己来开个头。

看了爸爸的这段话，就知道他为什么会在三十多年以后，又捡起了《诗人的心》，又为什么只向少年朋友介绍起新诗来了。爸爸先后用了一年多的时间，给少年们介绍了三十多首新诗，接连寄给了《中学生》和《中学生阅读》，让他感到欣慰的是，这些文章都陆续发表了，介绍新诗的文字总算在少年报刊上争得了一点儿阵地。据编辑们说，读者和老师都还欢迎，爸爸就从中选了三十篇，编成《诗人的心》。遗憾的是，爸爸提倡给少年们介绍新诗的号召，好像并没有得到什么人的响应；他自己的身体力行，最终也没能起到"抛砖引玉"的作用。我想：这看起来不过是给青少年介绍新诗的事情，做起来并不比写一篇散文更容易，不是一件轻松愉快一蹴而就的事情，还容易吃力不讨好，或者吃力得不到什么好。所以我好像没有看到过类似的文章，没有看到过这样的书，这就叫我更加佩服爸爸的不屈不挠，格外眷顾这本小书了。

我算了算，在这本小书的三十篇文章里，有十三篇介绍的是新中国成立前的诗，除了前面选的刘大白和俞平伯两位先生写的充满童趣的诗外，其余大多数是反映旧社会劳苦大众的困苦生活，反映为了争取民主和解放，人们对黑暗的旧社会发出的怒吼和进行着的英勇不屈的斗争的诗。作者几乎都是当时非常有名的诗人，为大家所熟悉。爸爸在这本书的后记里深情地写道："遗憾的是作者之中大约有十位已经成为古人了。他们为新诗开拓局面，冲锋陷阵，我们可不要忘记了他们的功绩。"当时爸爸提到的那些已经成为古人的作者，应该都在这前十三篇文章中。

十七篇介绍新中国成立后的诗，牵扯的方面很广，大都是反映新中国成立后人们建设祖国的壮志豪情和美好生活给人们带来的喜悦。与新中国成立前的十三篇不同，除了很少几位大家熟悉的诗人，很多作者都不大为人所知。而其中《你别问这是为了什么》这首诗的作者刘倩倩，竟是一位小学生，她的这首诗是在参加《中国少年报》的一次征文比赛时的获奖作品。诗中一个看过安徒生童话的孩子，一直惦记着那个卖火柴的小女孩，要把自己得到的蛋糕、棉衣送给她，要和她一起唱世间最好听的歌。爸爸说，他在选诗的时候，不管什么流派，也不管作者是否有名。只要是少年们容易理解的，感兴趣的，读了能得到点儿好处的他就选，还有一条就是涉及生活的方面要尽可能广一点儿。

爸爸很想教会少年朋友怎样去读，怎样去欣赏一首诗歌。在这些文章中他写了他知道的时间背景，他站在作者角度体会到的作者当时的心情，他自己对这首诗的理解，还有诗的句式和韵脚，甚至还讲到了该怎样去朗读。凡是可以想到的和应该提到的，他都写进去了，语气是那样亲切，态度是那样真诚，真算得上是苦口婆心了。如果不是因为每一篇的文字都不太短，我真想选其中的一首录在这里，让大家看看。爸爸在"写者自白"中强调说：他的介绍是把他揣摩到的诗人的思想感情告诉给少年们，自己只是做个样子，真正要有所收获，还要少年朋友自己去揣摩。我想：这是他写这本书的真正目的。

二〇〇七年，我和爱人一起到首都图书馆，找到了老的《开明少年》的影印本，把爸爸在《诗人的心》中提到的讲诗词的那二十几篇文章都复印了。很想整理之后和一九八四年出版的《诗人的心》合在一起，出一个《诗人的心》的完全本，在我看来像这样一本讲怎样欣赏诗歌的书，对于少年朋友来说还是很有益处的。没想一直有一些不得不做的事情挤进来，这件事就一放再放直拖到现在。最近我花了一些时间，把那些复印好的文章整理了一下，还对其中的个别字句做了一点儿修订。在这二十几首诗歌中，有六首经爸爸修改后已经用在了一九八四年出版的那本《诗人的心》中了。它们是《两个老鼠抬了一个梦》《忆》《一句话》《我把我当作一个兵士》《我们开会》《纤夫》。其余的十六首中，有古诗词四首，新诗七首，外国诗歌五首，我都按照发表时间的顺序编排，收入在现在的这本《诗人的心》中了。

　　从爷爷、爸爸选的这些诗中我可以感觉得到，在一九四五年到一九五一年他们创办《开明少年》的这几年中，无论在什么时候，无论在什么形势下，无论选用的是什么形式的诗歌，他们都力求跟上时事的发展，力求反映老百姓的疾苦，力求歌颂人民、歌颂光明、歌颂进步，为的是激起少年们的爱与恨，给他们以鼓舞和力量。这些诗歌记录了那个时代为青少年办刊物的编辑们的赤诚的心。现在的少年朋友读了，不光可以学到怎样欣赏诗歌，还可以了解一些新中国成立前旧中国的一些状况，我想，这应该算是一个读诗之外的收获吧。这里要说明白的是，后面提到的这十六首诗的赏析，不都是我爸爸写的，从署名和文章的写法上来看，至少有五到六首不是他写的，而《诗人的心》这个专栏开办的第一篇《孟郊的〈游子吟〉》，就是由爷爷亲自写的，大概是为了看看开辟这个栏目的反映，也为以后的各篇做一个示范吧。

二〇〇九年九月十日　深圳

目 录

刘大白的《两个老鼠抬了一个梦》/ 001
俞平伯的《忆》/ 005
胡适的《人力车夫》/ 010
徐志摩的《先生！先生！》/ 014
刘半农的《面包与盐》/ 018
郑振铎的《我是少年》/ 025
闻一多的《一句话》/ 028
刘延陵的《水手》/ 032
臧克家的《老马》/ 035
何其芳的《我把我当作一个兵士》/ 038
何达的《我们开会》/ 041
苏金伞的《摘棉花》/ 045
李搏程的《纤夫》/ 049

适夷的《山中杂诗》/ 055

郭小川的《甘蔗林——青纱帐》/ 059

卉放的《我们是接班人》/ 066

李瑛的《雨中》/ 072

纪征民的《笑》/ 076

李武兵的《扛着枕木，我们走》/ 080

陈春琼的《我是支柱》/ 085

刘佑的《妈妈的心》/ 089

于沙的《假话》/ 093

刘征的《烤天鹅的故事》/ 096

陈文和的《小岛》/ 102

元辉的《伏击》/ 105

邓海南的《这是烈士鲜血浸透的土地》/ 110

刘倩倩的《你别问这是为了什么》/ 116

张丽萍的《老校长》/ 121

崔笛扬的《大象从异邦归来》/ 126

赵恺的《划哟……》/ 131

《诗人的心》后记（一九八四年版）/ 136

附：《开明少年》中的《诗人的心》

孟郊的《游子吟》/ 139

臧克家的《死水》/ 143

苏轼的《水调歌头·明月几时有》/ 146

杜甫的《闻官军收河南河北》/ 151

绿原的《弟弟呵，弟弟呵！》/ 154

沙逊的大卫 / 161

白居易的《卖炭翁》/ 173

高尔基的《海燕》/ 176

臧克家的《孩子·爸爸·爷爷》/ 180

给沙皇杀害的人民诗人普希金 / 184

鲁藜的《野花》/ 188

吴越的《四等车》/ 191

涅克拉索夫的《盐之歌》/ 194

程边的《雷雨颂》/ 198

苏家蕙的《寄朝鲜母亲们》/ 206

希克梅特的《我的心》/ 211

刘大白的《两个老鼠抬了一个梦》

孩子说:

  "母亲,我昨儿晚上做了一个梦;
  现在却有点儿记不起来,迷迷蒙蒙了。"

母亲笑着说:

  "两个老鼠抬了一个梦。"

老鼠怎么能抬梦?
梦怎么抬法?
老鼠抬了梦去做什么?
这不是梦中说梦的梦话?

不是梦话哪,——
她怎地记不起梦来?
那梦上哪儿去了,
要不是老鼠把梦抬?

那老鼠刚抬了梦跑，

蓦地里来了一头猫；

那老鼠吓了一跳，

这梦就跌得粉碎地没处找。

哦，我知道了！

我们做过的梦，都上哪儿去了！

原来都被猫儿吓跑了抬夫，

跌碎得没处找了！

早上，女孩子醒来，想着方才做过的梦，可是迷迷蒙蒙，记不真了，她告诉了母亲。母亲笑着对她说："两个老鼠抬了一个梦。"母亲这一句话引起女孩子一连串的联想。这就是这首诗的内容。如果用戏剧作比，第一节等于序幕。

女孩子听了母亲的话越发糊涂了：老鼠怎么会把梦抬走呢？梦迷迷蒙蒙的，摸也摸不着，老鼠怎么个抬法呢？它们把梦抬了去做什么用呢？会不会我还在做梦呢？母亲是不是在我的梦里说梦，说她的梦话呢？

紧跟着第二节，女孩子又想到另一方面去了。"不是梦话哪，——"她明明醒了，可以肯定，母亲不是在她的梦里，说的也不是梦话。注意这句话后面有个破折号。这个破折号等于"可是"，表示到这儿意思一转：母亲说的不是梦话，可是她怎么记不起她的梦来了呢？要不是老鼠抬走了梦，她那个梦上哪儿去了呢？这样一想，她又相信母亲的话了：梦真个让老鼠给抬走了。在这儿，第四句本来应该在第三句前面，倒了个个儿，是为了用这一句末尾的"抬（tái）"，跟第二句末尾的"来（lái）"押上韵。

既然梦是老鼠抬走的，那么老鼠把梦抬到哪儿去了呢？女孩子想了又想，忽然明白了：可能老鼠抬起了梦刚要开跑，突然来了一头猫。两个老鼠都吓了一大跳，梦就从它们背上摔下来，摔了个粉碎。

想到这儿，女孩子几乎喊出来："哦，我知道了，我们做过的梦都上哪儿去了！都怪猫儿吓跑了抬梦的老鼠，把梦给摔得粉碎，所以一个也找不着了。"前面第三节，把女孩子称作"她"，可见是从旁描述，咱们念着，好像能看到女孩子反复思考的神态；这第五节，把"她"改成了"我"，可见这一段写的是女孩子心里的话，带着活泼幼稚的孩子的语气。

在这首诗后面，诗人写了一条注："'两个老鼠抬了一个梦'是绍兴的谚语。小孩子说梦的时候，母亲常常这样说。"绍兴是诗人的故乡，诗人在做孩子的时候一定也听他的母亲这样说过。他写的也许就是他在童年时代的一些想法。

这首诗的句子有长有短，各节大致押韵。第三节在前面已经说过了。第二节的第二行末尾是"法（fǎ）"，第四行末尾是"话（huà）"，韵母相同，又都是仄声。第四节的四句,末尾是"跑(pǎo)""猫(māo)""跳(tiào)""找(zhǎo)",韵母相同,前两个都是平声,后两个都是仄声。第一节分五行,其实是四行,第一、第二行应该相连接。第三行末尾的"了"用普通话应该念作"le",是轻声,押韵应该押在"了"前面的那个字上。在这儿,"了"的前面是"蒙(mēng)",跟第二行、第五行末尾的"梦(mèng)"韵母相同,勉强可以算押韵。第五节的第一、二、四行,末尾的"了"如果念成"liǎo",当然押韵了,如果普通话念成"le",那么第一行的"道(dào)"和第四行的"找(zhǎo)"韵母也相同,又都是仄声,也可以算押韵。念新诗也要注意韵。念的时候如果能把押韵的地方表现出来,听起来更有味儿。

俞平伯的《忆》

第一

有了两个橘子,
一个是我底,
一个是我姊姊底。

把有麻子的给了我,
把光脸的她自己有了。
"弟弟,你底好,
绣花的呢。"

真不错!
好橘子,我吃了你吧。
真正是个好橘子啊!

第四

骑着,就是马儿;
耍着,就是棒儿。
在草坪上拖着琅琅的,
来的是我。

第十一

爸爸有个顶大的斗篷。
天冷了,它张着大口欢迎我们进去。

谁都不知道我们在哪里,
他们永远找不着这样一个好地方。

斗篷里得漆黑的,
又在爸爸底腋窝下,
我们格格的笑:
"爸爸真个好,
怎么会有了这个又暖又大的斗篷呢?"

第十二

"来了!"
"快躲!门!门!"

我看不见他们了,
他们怎能看见我?
虽然,一扇门后头
分明有双孩子的脚。

只找了一忽儿,就找着了;
这真是好诧异!
即现在的我,依然怪诧异的。

年纪轻的人不大回忆过去的事,可是偶尔想起来,也觉得怪有趣儿的。做孩子的时候,咱们玩过捉迷藏,骑过竹马,舞枪弄棒的,跟小伙伴小邻居们在一起;有时候还跟兄弟姊妹分过什么吃的玩儿的……当时,咱们笑了,哭了,高兴了,赌气了,现在回忆起来,星星点点,都会使咱们从心底发出微笑。上面四首小诗,就是诗人对童年时代回忆的片段。他一共写了三十六首,咱们就念这四首,每首前面保留着原来的数序。

那首"第一",诗人写他有一回跟他姊姊分橘子。两个橘子两个人分，一点儿问题也没有，可是一个橘子的皮上有点儿疤瘢。他姊姊把有疤瘢的给了他，还说："弟弟，你底好，/绣花的呢。"姊姊耍了个小聪明，并没有损人的动机；做弟弟的毫不理会，橘子到手，剥开就吃了，直到写这首小诗的时候，也丝毫没有责怪姊姊的意思——橘子不是早就吃了吗？还"真正是个好橘子啊！"他觉得这件小事儿非常有趣儿，所以写了下来。咱们念着也觉得非常有趣儿，话只有几句，却抓住了姊姊和弟弟的不同的心理，描绘得非常细致。

那首"第四"，诗人写他小时候骑竹马的那股兴冲冲的劲头儿。竹竿真是好东西，"骑着，就是马儿；/耍着，就是棒儿。""在草坪上拖着琅琅的"，这一串琅琅的声音，不是挂在马脖子上的铃铛吗？多带劲儿呀——"来的是我。"真有点儿英雄气概。念到这儿，咱们似乎看见，而且听见，一个男孩子骑着竹马，嘴里嚷着"琅琅琅琅……"跳着颠着，向咱们直奔过来。

"第十一"，诗人写他爸爸的大斗篷。这一首分三节，都说的"我们"，可见躲进斗篷的不是一个人，除了诗人自己，至少还有一个，可能就是他的姊姊——爸爸的斗篷可真大呀。第二节写他当时的心里话，原来躲进斗篷不是为了天气冷，而是"这样一个好地方"，"谁都不知道"，"他们"——那些小伙伴"永远找不着"。爸爸把斗篷裹得严严的，里面一片漆黑，什么也看不见。"又在爸爸底腋窝下"，像鸡雏躲在老母鸡的翅膀下面，既安全又舒适，于是他们忍不住"格格的笑"起来："爸爸真个好，/怎么会有了这个又暖又大的斗篷呢？"后一行的句式是提问，其实是赞美，跟前一行"爸爸真个好"一个样。

"第十二"，诗人写他跟小伙伴们玩捉迷藏。"来了！""快躲！门！门！"多么熟悉的话语呀，咱们不但听到过，还记得那压低了的嗓门，在一旁看着咱们玩儿的大人往往这样关照咱们，给咱们出主意。"我看不见他们了，/他们怎能看见我？"躲到了门背后，咱们不也这样认为吗？可是咱们忘记了，一双脚还露在门下头呢！才一忽儿，咱们就让小伙伴找着了，可是不明白这到底是怎么回事儿。诗人说："即现在的我，依然怪诧异的。"为什么他至今还觉得诧异呢？这倒是个怪有趣儿的问题。

这四首小诗，跟其他的三十几首一样，写的都是极其平常的孩子时代的事儿，用的都是极其平常的孩子的话；而且简简单单，好像绘画中的速写似的，诗人只用疏疏朗朗的几笔，就把他当时的感受勾勒出来了，清晰而且鲜明，使咱们分享他回忆童年时代的乐趣。原来平常的事儿平常的话，也能够写成引起读者共鸣的好诗。

胡适的《人力车夫》

"车子！车子！"
车来如飞。
客看车夫，忽然心中酸悲。
客问车夫：
"你今年几岁？拉车拉了多少时？"
车夫答客：
"今年十六，拉过三年车了，
你老别多疑。"
客告车夫：
"你年纪太小，我不坐你车。
我坐你车，心中惨凄。"
车夫告客：
"我半日没有生意，又寒又饥。
你老的好心肠，饱不了我的饿肚皮。
我年纪小拉车，警察还不管，你老又是谁？"
客人点头上车，说："拉到内务部西！"

这首诗写了两个人：一个是人力车夫，十六岁，十三岁上已经开始拉车；一个是要乘车的客人，知识分子，可能是诗人自己。"车子！车子！"开头就是他在喊。

车子来了，快得像飞一样，停在他跟前。那个小车夫半天没有生意了，听到有人喊车子，怎么能不巴结？客人打量了他一眼，看他年纪太小，心中有点儿不忍——说"酸悲"似乎过了点儿，只是不忍而已。于是开始了下面这一场对话。

先是客人问车夫：今年几岁了？拉车拉了多久了？车夫如实做了回答，还加上了一句："你老别多疑。"他以为客人嫌他年纪太小，拉车不如年轻小伙子稳当，眼看快到手的生意要吹，他不得不加上这么一句。客人听出了这层意思，立刻声明：不坐他的车不为别的，为的是看他年纪太小，心中不忍。在这儿又用了个夸张的词儿——"惨凄"。

车夫回答客人的话可有意思。他说："你老的好心肠，饱不了我的饿肚皮。"这是实情，客人却不曾想到这一层。一个没有受过饥寒的知识分子，怎么能体会拉一趟生意——十来个铜板的收入，对于人力车夫来说，竟是一个能不能活下去的大问题。好心肠饱不了饿肚皮，等于说，光有同情心改变不了劳苦大众的命运。

车夫接下去的那句话更有意思："我年纪小拉车，警察还不管，你老又是谁？"在人力车夫的眼睛里，警察是最高的权威，找碴儿欺压他们的敲诈他们的，不就是警察吗？还口口声声说这是国家的法令，那是政府的规定。年纪小拉车，警察不管，可见国家政府都不禁止：你老偏偏要管，你老又是谁呢？

客人被这个小车夫说服了：同情心饱不了肚皮，这样的事儿他管不了，于是点头上车，说了声："拉到内务部西！"当时的北洋军阀政府也有个内务部，救济贫苦儿童，禁止雇用童工，按说都归内务部管。可是那些当官的怎么会关心劳动人民的死活呢？不说拉到别处而说内务部，可能有点儿讽刺的意味。

在旧社会里，拉人力车是最苦的力气活。老舍先生在他的小说《骆驼祥子》里，除了主人公祥子，还写了许多人力车夫的遭遇——累死、病死、冻死、饿死，都没有个好结果。当时有人做过调查，没有一个人力车夫能拉上十一二年车还不送命的。这首诗写的那个车夫才十六岁，已经拉了三年车了，他的遭遇应该得到同情。那位客人出于同情，不忍乘他的车；没有人乘他的车，他就得饿死！这个矛盾解决不了，客人只好屈从于现实，"点头上车"。光有同情心解决不了矛盾，但是不能说这种感情毫无意义。好些人正是出于对劳苦大众的同情，找到了，并且走上了革命的道路。要改变现实，让劳苦大众都能过上人的生活，就得推翻那个不合理的社会。中国共产党领导全国人民这样做了，所以咱们再也不会看到未成年的孩子为了生活而卖命的惨剧了。

这首诗写在"五四"以前，还是新诗的萌芽时期，句子有长有短，都明白如话，对传统的诗词做了冲击。看各行的末尾一字："飞""悲""谁"同韵（韵母都是ei），"谁"念阳平,其余两个念阴平;"疑""凄""饥""皮""西"同韵(韵母都是i),"疑""皮"念阳平,其余三个念阴平;只有"时"(韵母虽然也是i)跟别的字都不同韵。可是在旧诗旧词中,"时"跟"皮""疑""谁"等同韵,可见古代的读音跟咱们现在不同。新诗是写给现在的人念的,当然不应该根据古代的韵来押韵。还有一点可以注意的,韵母是ei和i的字念平声,声调比较凄惨,符合这首诗的情调。

徐志摩的《先生！先生！》

钢丝的车轮
在偏僻的小巷内飞奔——
"先生，我给先生请安您哪，先生。"

迎面一蹲身，
一个单布褂的女孩颤动着呼声——
雪白的车轮在冰冷的北风里飞奔。

紧紧的跟，紧紧的跟，
破烂的孩子追赶着铄亮的车轮——
"先生，可怜我一大吧！善心的先生！"

"可怜我的妈，
她又饿又冻又病，躺在道儿那边直呻——
您修好，赏给我们一顿窝窝头您哪，先生！"

"没有带子儿，"
坐车的先生说，车里戴大皮帽的先生——
飞奔，急转的双轮，紧追，小孩的呼声。

一路旋风似的土尘！
土尘里飞转着银晃晃的车轮——
"先生，可是您出门不能不带钱您哪，先生。"

"先生！……先生！"
紫涨的小孩，气喘着，断续的呼声——
飞奔，飞奔，橡皮的车轮不住地飞奔。

飞奔……先生……

飞奔……先生……

先生……先生……先生……

　　念完这首诗，咱们仿佛还能听到那个女孩儿的断断续续的"先生……先生……"的呼声，在冰冷的北风里发颤。尽管那样凄惨的呼声，在我国早已消失，而且永远不会听到了。
　　诗中写的那个女孩儿，在偏僻的小巷里追赶一辆人力车，向车上的那位先生乞讨一个铜板。"可怜我一大吧"——"一大"就是一个大子儿，一个铜板。

坐在车上的那位先生，诗人没有写他的长相，长相在这儿无关紧要，也没有写他的衣着，只写他戴的大皮帽。女孩儿紧紧地跟在人力车后边，她身子又矮，能看到的只是一顶大皮帽。对于咱们读者来说，一顶大皮帽已经很够了：头上戴的大皮帽，身上穿的当然是皮袍子皮马褂，下半身说不定还裹着一条厚厚的毛毯。他半躺在车座上，尽管北风冰冷像刀似的，他却暖暖和和，舒舒服服，有飞转的车轮驮着他在偏僻的小巷内飞奔。

对于那辆人力车，诗人只写了它的一双车轮，雪白锃亮的钢丝辐条，裹着橡皮的轮圈。钢丝辐条、橡皮轮圈，就足以表明那辆人力车非常考究，非常漂亮，非常舒适，用不着再写什么别的了。而且女孩儿追赶的，也正是这对在土尘里飞转的银晃晃的车轮。至于在前面拉着车子飞奔的那个车夫，女孩儿很可能没有多加注意，诗人就压根儿没有提他。

女孩儿破破烂烂的，身上只裹着一件单布褂子，在冰冷的北风里发抖，紧挨着躺在墙角里的她的妈。她忽然瞥见了希望，一对钢丝的车轮奔进小巷里来了。她急忙迎上去蹲一下身子，"先生，我给先生请安您哪，先生"。赔着十分的小心，一连三个"先生"还加上个"您哪"，可是话还没说完，雪白的车轮在她面前一晃就过去了。这是个希望哪，尽管只是一个大子儿的希望。她急忙追上去，一边奔跑，一边向那位"善心的先生"哀告，求他修修好，求她可怜她那又饿又冻又病的妈，求他赏给她们一顿窝窝头。"先生您哪"，"您哪先生"……戴大皮帽的先生本来不打算理睬的，终于听着不耐烦了，才从牙缝里蹦出一句话来，"没有带子儿"，"子儿"就是铜板。

"没有带子儿"本来是一句回绝的话，女孩儿也不是头一回听到。可是这究竟是个希望哪，哪能轻易放过哪。车轮转得飞快，像银晃晃的一对盘子，女孩儿紧紧追赶着："先生，可是您出门不能不带钱您哪，先生。"看她说得多傻呀，银圆钞票有的是，他能给你吗？问题不在于有没有带钱，而是根本不愿意给。戴大皮帽的先生不再搭理了，你跑吧，你喊吧！"先生……先生……"你喘着气，你涨紫了脸，他才管不着呢。飞奔的橡皮车轮管自越去越远了。在这偏僻的小巷里，北风卷起一阵阵土尘，卷着那女孩儿的断续的呼声，"先生……先生……"

这首诗的形式有点儿特别。它一共八节，每节三行。前面的七节，第二行后面都有个破折号。从意思上看，各节的第三行跟下一节的第一、二两行衔接得比较紧，因而这七个破折号起了把意思的层次分清楚的作用。但是念起来还是每念完一节三行，稍稍停顿一下再念下一节的好，这样念不但顺口，听起来还有节奏。再看这首诗各行末尾的字，"轮（lún）""奔（bēn）""生（shēng）""身（shēn）""声（shēng）""跟（gēn）""呻（shēn）""尘（chén）"，韵母或者是"un"和"en"，或者是"eng"，而且都念平声。在一行中间，还有些字是属于这两个韵的，更加强了这首诗的节奏感。

刘半农的《面包与盐》

老哥今天吃的什么饭?
吓,还不是老样子!——
俩子儿的面,
一个镚子的盐,
搁上半喇子儿的大葱。
这就很好啦!
咱们是彼此彼此,
咱们是老哥儿们,
咱们是好弟兄。
咱们要的是这们一点儿,
咱们少不了的也是这们一点儿。
咱们做,咱们吃。
咱们做的是活。
谁不做,谁甭活。
咱们吃的咱们做,
咱们做的咱们吃。

对！

　　一个人养一个人，

　　谁也养得活。

　　反正咱们少不了的只是那们一点儿；

　　咱们不要抢吃人家的，

　　可是人家也不该抢吃咱们的。

对！

谁要抢，谁该揍！

揍死一个不算事，

揍死两个当狗死！

　　对！对！对！

　　揍死一个不算事，

　　揍死两个当狗死！

　　咱们就是这们做，

　　咱们就是这们活。

做！做！做！

　　活！活！活！

咱们要的只是那们一点儿，

　　咱们少不了的只是那们一点儿，——

俩子儿的面，

　　一个镚子的盐。

可别忘了半喇子儿的大葱！

《面包与盐》写的是两个人的谈话。两个人都是旧社会里靠卖力气吃饭的，也许是骆驼祥子那样的人力车夫，也许是搬运工或者别的什么人。他们不干活就没有饭吃，自个儿养活自个儿，没家没口，一张嘴吃饱了一家人就饿不着。他们经常吃什么呢？"俩子儿的面，/一个镚子的盐，/搁上半喇子儿的大葱。""俩子儿"就是两个铜板，"半喇子儿"就是半个铜板，"一个镚子"就是一个小钱。这首诗写的是一九二〇年以前的事儿，那个年头还使用小钱。按理十个小钱换一个铜板，一百个铜板换一块银圆，实际上一个铜板值不到一分钱，也换不到十个小钱；物价虽然比后来便宜得多，可是一顿饭没花满三分钱，吃得真是够苦的。

　　诗写成三十八行，两个人谈话，算是某甲和某乙两个吧，那么哪几行是甲说的，哪几行是乙说的呢？要分辨很容易，你看，第一行是甲问乙，第二行到第五行是乙回答甲，第六行到第十行是甲说的，接下去的两行又是乙说的……这就找着了一个规律，从排版的形式看，甲说的跟乙说的相比，各行的前头都多空一个字的地位。分辨清楚很重要，你念一遍试试，用两个不同的声音来念，譬如说一个粗一点儿，一个尖一点儿，分别念甲的话和乙的话，一边念一边揣摩他们俩的心情，你对这首诗就会有更深的体会。

　　这场谈话是甲开的头。"老哥今天吃的什么饭？"这是一句很普通的话，两个人见了面常常这样问，并不要问个水落石出。没想到这样一句不经心的"礼貌语言",竟会引出乙的满肚子的牢骚。"吓,还不是老样子!"他说。还是老样子,你不是不知道,有什么可问的!既然要问,我给你全都倒出来:"俩子儿的面,/一个镚子的盐,/搁上半喇子儿的大葱。"这忿忿然的口气,甲会听不出来?可是他说:"这就很好啦!"仨子儿不到的一顿苦饭,他倒说"很好啦",是不是为了安慰他的"老哥"呢?有安慰的意思,也是真心话,甚至带点儿羡慕的味道。吃饭可不容易哪,能弄到这么一顿,"这就很好啦!"俩人都是靠卖力气吃饭的,"彼此彼此",都过着苦日子,谁还不知道谁呢?"咱们是老哥儿们,/咱们是好弟兄。"咱们过的都是这样的苦日子,"要的是这们一点儿","这们"就是"这么"。

念到这儿得特别注意,甲本来还要往下说,却让乙给打断了。怎么知道的呢?你看,"咱们要的是这们一点儿"后面用的不是句号,而是逗号,不就表明甲的话说到这儿还没有完吗?咱们可以猜一猜,他接下去要说些什么。可能是"可就这们难",也可能是"人家就是不让咱们活"。乙似乎料到这样往下说不大对劲儿,咱们可不能向谁诉苦,向谁哀告,所以他抢着补上一句:"咱们少不了的也是这们一点儿。"这一句跟前面甲说的相比,力量可强多了。乙提醒甲:"这们一点儿"是必不可少的了,咱们活命就靠"这们一点儿",咱们出卖力气就为"这们一点儿"。"咱们做,咱们吃。"咱们用不着诉苦,用不着哀告,咱们是凭自己的力气换饭吃的。

"咱们做，咱们吃。"这句话说到了甲的心里：老哥儿们谁不是做一天吃一天呢？甲接过碴儿，阐发说："咱们做的是活。/谁不做，谁甭活。"出卖力气，通常不是叫"做活"吗？老哥儿们谁都一样，一天不做活就一天没法活下去，就连"这们一点儿"也没处要。"谁不做，谁甭活"，真是天经地义。所以乙接碴儿说："咱们吃的咱们做，/咱们做的咱们吃。"——活一天做一天，做一天活一天。

下面又是一个转折，在甲说的那段话里。"对！/一个人养一个人，/谁也养得活。反正咱们少不了的只是那们一点儿；/……"这儿可以注意的有三点：一、"少不了的"是乙提醒甲的，甲接受了；二、"这们"改成了"那们"，"这们一点儿"实指"俩个子儿的面，/一个镏子的盐"，还有"半喇子儿的大葱"，"那们一点儿"在语气上还给人一种微不足道的感觉；三、"也是"改成了"只是"，更显得老哥儿们对生活的要求低得没法再低了。反正要求的"只是那们一点儿"，一个人总还养得活一个人；咱们凭自己的力气吃饭，"不要抢吃人家的"。可是一转念，人家干吗要"抢吃咱们的"呢？要不是有人"抢吃"咱们的，老哥儿们的日子也不至于苦成这样呀！甲于是把压在心底的话说了出来："可是人家也不该抢吃咱们的。"向旧社会，向剥削制度，处在最底层的劳动者正经八百地提出了严肃的抗议。

"对！"乙马上呼应，他说，"谁要抢，谁该揍！"这是警告剥削者：对付你们这伙抢人的只有揍，只有用武力。"揍死一个不算事，/揍死两个当狗死！"揍死活该，谁叫你们抢人！甲一连喊了三个"对！"他可来了劲儿，把乙说的话重复了一遍，横下一条心说："咱们就是这们做，/咱们就是这们活。"咱们一同来揍那些抢人的家伙，揍死了剥削者，咱们老哥儿们才有活路。"做！做！做！""活！活！活！"老哥儿俩喊出了千千万万劳动者的呼声，说出了千千万万劳动者的誓言。大伙儿都已经苦成这样了："俩子儿的面"，"一个镚子的盐"，此外还有什么呢？"可别忘了半喇子儿的大葱！"

这首诗句句是大白话，可是你不能不承认的确是一首诗，而且是一首好诗。咱们念着，好像看见了那两个谈话的人，看见了他们谈话时候的神态，看见了他们的生活，甚至看见了他们在想什么，要做什么。所有的话都是最底层的劳动者口头的话，可是又都是作者精心挑选出来的，所以有这样强的表现力，能把咱们吸引住，使咱们受到感染。

最后说一说这首诗的题目。诗人在题目后面有一篇序，现在抄在下面：

> 记得五年前在北京时，有位王先生向我说：北京穷人吃饭，只俩子儿面，一个镚子盐，半喇子儿大葱就满够了。这是句很轻薄的话，我听过了也就忘去了。
>
> 昨天在拉丁区的一条小街上，看见一个很小的饭馆，名字叫作"面包与盐"，我不觉大为感动，以为世界上没有更

好的饭馆名称了。

晚上睡不着,渐渐的从这饭馆的名称上联想到了从前王先生说的话,便用京语诌成了一首诗。

一九二四,五,八,巴黎

原来"面包与盐"是巴黎贫民区的一个小饭馆的名字。诗人为什么说"世界上没有更好的饭馆名称"呢?他原先说王先生那句话"很轻薄",那天晚上怎么又想起那句话来呢?这些问题都很有趣,很值得咱们思索。

郑振铎的《我是少年》

我是少年！

我是少年！

我有如炬的眼，

我有思想如泉，

我有牺牲的精神，

我有自由不可捐，

我过不惯偶像似的流年，

我看不惯奴隶的苟安，

我起！我起！

我要打破一切的威权。

《我是少年》写在五四时代，离现在（二十世纪八十年代）六十多年了。最后一句说："我要打破一切的威权。"这个"威权"指的封建主义和帝国主义。打倒封建主义，打倒帝国主义，是我国民主革命的口号。经过五四运动，中国人民有了中国共产党的领导，前仆后继地斗争了三十多年，终于实现了这两个口号,铲除了封建主义,赶走了帝国主义,建立了人民自己当家做主的中华人民共和国。在这漫长的曲折而又艰苦的斗争中,觉悟的知识青年无疑起着先锋的作用。咱们现在念这首《我是少年》,就像读一篇五四时代的宣言,还可以感受到当时的青年们的激情,跟统治旧中国的反动势力做殊死斗争的激情。

这首诗本来有两节,咱们只念第一节,就是上面的十行。这十行都用"我"字打头。这个"我"实际上是"我们",是无数敢于跟反动势力做斗争的青年。事实就是如此,在当时,这首诗曾使广大青年的心弦起了共鸣,大家放开嗓门朗诵,还配上谱子齐声高歌。"我是少年!/我是少年!"无数青年的呼声汇合在一起,就成了伟大的"我",成了"我们"了。所以咱们不能把诗中的"我"就看成诗人一个人,看成诗人自己。这首诗绝不是诗人的自我表白,而是一代青年迎接斗争的高昂的呼声。

诗人在开头一连用了两句"我是少年"。为什么不说"青年"而要说"少年"呢?咱们现在都把二十上下的人叫作"青年",五四时代的习惯却叫作"少年"。"我是少年!/我是少年!"接连两句,咱们念着能感受到一股年轻人的自豪的劲头。为什么自豪?有什么可自豪的?因为"我有如炬的眼"——我们年轻人的眼光像火炬一样,能照彻黑暗,看透敌人。因为"我有思想如泉"——我们年轻人的思想像泉水一样喷涌而出,不可遏止。经过精密的观察和深入的思索,我们青年人看清了自己所处的时代和应负的责任:必须打倒压在中国人民头上的帝国主义和封建主义。"我有牺牲的精神"——我们甘愿牺牲。"我有自由不可捐"——我们决不放弃我们应有的自由。"我过不惯偶像似的流年"——去年如此,今年如此,明年还得如此,没有一点儿改变,也不容许有一点儿改变,就像泥塑木雕的偶像,我们过不惯。"我看不惯奴隶的苟安"——我们不能得过且过,甘心情愿当帝国主义和封建主义的奴隶。"我起!我起!/我要打破一切的威权。"

  十行诗句,一连用十一个"我"——十一个"我们"开头。而句尾,"年""眼""泉""神""捐""安"的韵母不是"an"就是"en",而且大多念平声,念下来很顺;"我起!我起!"一变,"权"又是"an"韵,听起来真有压倒敌人的气势。难怪这首诗在当时会受到广大青年的热烈欢迎。

闻一多的《一句话》

有一句话说出就是祸,
有一句话能点得着火。
别看五千年没有说破,
你猜得透火山的缄默?
说不定是突然着了魔,
突然青天里一个霹雳,
　　爆一声:
　　　"咱们的中国!"

这话教我今天怎么说?
你不信铁树开花也可,
那么有一句话你听着:
等火山忍不住了缄默,
不要发抖、伸舌头、顿脚,
等到青天里一个霹雳,
　　爆一声:

"咱们的中国！"

诗的题目是《一句话》，这句话就是"咱们的中国"。中国是咱们的，是你的、我的、他的，是全中国的老百姓的，属于中国所有的人民。现在看来，这是最简单不过的真理，可是在新中国成立前，谁要是说了出来，谁就会遭到杀身之祸。历来的反动统治者最害怕的就是这一句话。要是人民有朝一日觉醒，都认识到自己是国家的主人，那还得了？他们就会被人民从宝座上掀下来，被烈火、被这句话点着的人民革命的烈火烧为灰烬。虽然五千年来这句话还没有被说破，但是这一天总要到来。火山默不作声，你猜得透它将在什么时候喷发？说不定突然着了魔似的，突然像青天里一个霹雳，"爆一声：/'咱们的中国！'""咱们的中国！"这是全国人民的呼声，像火山孕育岩浆一样，已经到了不得不喷发的时刻，因而这儿用了一个"爆"。用"呼唤"，用"叫喊"，都不够味儿，不足以表现这样迅猛的突变。

念完了第一节，咱们来研究一下，诗人到底在跟谁说话？诗人一开头就明白交代，这句话"说出就是祸"。这等于说："我把这句话跟你说了，你可要防着点儿，不要到处乱说，惹出祸来。"他这样谆谆告诫，可见这话不是跟敌人说的，不是跟反动统治者说的。再说"咱们"这个词儿，在我国北方的口语中意思跟"我们"不同，"我们"跟"你"和"你们"相对，不包括听话的一方在内;"咱们"却包括听话的一方,包括"你"或者"你们"在内。而这首诗,诗人用的是地道的北方话。所以没有问题,这个"你"是咱们人民中间的一员,也可以看作某一群人的代表。他们受传统观念的束缚,不相信会有这么一天——"突然青天里一个霹雳",中国人民觉醒了,"爆一声:/'咱们的中国!'"他们虽然缺乏信心,但毕竟是咱们自己的人哪!咱们只能用说服的手段来使他们改变这种成见。

可是说服他们并不是容易的事。所以第二节开头,诗人说:"这话教我今天怎么说?"五千年来,火山一直缄默着,说不定早已熄灭,早已死去,你能保证它还会有喷发的一天?尽管你说的是科学的预见,他们可一定要见到了事实才肯承认。对这样死心眼儿的人,你能用什么话来说服他们呢?因而诗人只好对他们说:"好吧,你真个不相信铁树开花,也只能由着你。可是有一句话你得听着,你得记住,等到那么一天,火山再也忍不住缄默,突然青天里一个霹雳,你不要害怕得发抖,不要吃惊得吐舌头,更用不着顿脚后悔,你得赶快跟上时代的步伐,和人民大众一起,爆一声'咱们的中国!'"(铁树又叫苏铁,原来生长在印度尼西亚,移种到我国作为一种观赏植物。我国的气候比印度尼西亚冷一些,铁树移到我国很难开花,所以一向把"铁树开花"比作不可能发生的事,其实只要栽培得当,铁树在我国也能开花。)

这首诗发表后大约二十年,诗人应了他自己的话,为了争取民主，被国民党反动派暗杀了。他的牺牲唤醒了更多的人民，其中有一部分就是那些曾经不相信铁树开花的人。于是在国民党统治区，民主运动成了不可遏止的力量，跟解放战争的节节胜利相配合，终于推翻了中国的最后一代反动统治者，帝国主义、封建主义和官僚资本主义的总代表——蒋家王朝。

这首诗的上下两节形式相同，基本上不押韵。初念的时候有点儿拗嘴，可是念上几遍，要用普通话念，咱们就会觉得声调很有节奏，既紧凑又有韵味。可见诗人在这方面也是下了功夫的。

刘延陵的《水手》

月在天上，
船在海上，
他两只手捧住面孔，
躲在摆舵的黑暗地方。

他怕见月儿眨眼，
　　海儿掀浪，
引他看水天接近的故乡。
但他却想到了
石榴花开得鲜明的井旁，
那人儿正架竹子，
晒她的青布衣裳。

　　这首诗写一个漂洋过海的水手思念故乡的心情，一共十一行，分为两节。
　　第一节开头两行写环境："月在天上，/船在海上"，海天相接，茫茫苍苍。天上有月亮，当然是夜里。诗人没有写明月亮是圆的还是缺的，似乎一轮满月更符合这首诗的情调。海上风平浪细，要不，水手们得同心协力豁出性命跟风浪搏斗，谁能独自一个人躲在舵楼的阴影里思念故乡呢？诗中说的摆舵的地方就是船尾的舵楼，那不是一艘轮船，而是一艘老式的帆船。诗是二十世纪二十年代写的，那时候在我国的海面上，轮船还比较罕见。

那个水手为什么要"两只手捧住面孔"，躲在黑暗的角落里呢？原来他怕瞧见映在海面上的月亮。天上的月亮是不会像星星那样眨眼的，而映在海面的影子却闪闪烁烁，随着粼粼的细浪，连成一条泛着银光的带子，一直连到水天相接的地方。他不会忘记每一回出航，故乡总是落在帆船后面，渐渐地远去，最后被水平线吞没了，因此他怕见那水天相接的地方。可是在这月明之夜，那条闪烁的光带又偏要逗引他去望那水天相接的地方：故乡不是就在那儿吗？似乎站在舵楼上就能望见，可是远在天外，叫他怎么能不怕见月儿眨眼，海儿泛浪呢？

他独自一个人"躲在摆舵的黑暗地方"，"两只手捧住面孔"，视线是被挡住了，对故乡的思念却怎么也阻挡不住。他想到……不，应该说看到了，他看到了家门口的那口井，看到了石榴花开得正盛，看到了他想念的"那人儿"正在"晒她的青布衣裳"。石榴花开，时节是初夏；"那人儿"在晒衣裳，一定阳光明朗。一朵朵石榴花杂在绿得发亮的叶丛中，映着阳光就像一朵朵火焰，真称得上"鲜明"。"那人儿"晒的衣裳又是青布的，才从水盆里捞起来拧得半干，还带着水光，衬着一树，或者竟是一丛盛开的石榴花，色彩真"鲜明"得没法说了。对于正在晒衣裳的"那人儿"，诗人却没做一点儿描写。晒衣裳的姿势本来挺美，咱们都可以从想象中描绘出轮廓来，用不着诗人再做描写了。这一个个留在头脑里的印象，一齐向那个水手直扑过来，教他要躲也躲不开。那是他的故乡哪，教他怎么能不思念？那是他心爱的人儿哪，教他怎么能不思念？

咱们念完这首短短的诗，好像看到了两幅画：一幅画是海上的夜景，天空、月亮、波浪、船，在最暗的舵楼的阴影里，坐着个双手捧着脸的水手；另一幅画却晴光耀眼，水井、石榴花、青布衣裳、晒衣裳的青竹竿，还有水手的"那人儿"，全部沐浴在明朗的阳光里。两幅画色调不同，明暗不同，被一条闪烁的光带联系在一起了。这条光带就是映在泛着细浪的海面上的月光，就是漂洋过海的水手思念家乡思念亲人的心情。

这首诗咱们念着顺口，因为押韵的行数比较多，"上""方""浪""乡""旁""裳"，韵母都是"ang"，而且大多念平声。

臧克家的《老马》

总得叫大车装个够,
它横竖不说一句话,
背上的压力往肉里扣,
它把头沉重的垂下。

这刻不知道下刻的命,
它有泪只往心里咽,
眼里飘来一道鞭影,
它抬起头望望前面。

  这首诗写一匹拉大车的老马,一共两节,每节四行。
  "总得叫大车装个够,/它横竖不说一句话。"大车能装一千斤,如果只装八百,那两百斤不就亏了吗?要是跑上五趟,二五一十,不就等于白跑了一趟吗?如果装上一千二,那多值呀,跑五趟等于跑六趟。老马横竖不会说话,它从来也不叫唤:"哎呀,主人,您少装点儿吧,我实在受不了啦!"它不说话,重量可压在它的身上，系在车辕上的皮带越来越深地扣进它的肉里——它只是沉重地垂下它的脑袋。

老马已经老成这样了，说不定一个趔趄，它就此站不起来了。这样的时刻总会到来的，不过早一点儿迟一点儿罢了，所以说"这刻不知道下刻的命"。可是谁也不同情它，谁也不怜惜它，它有眼泪也只好往自己的心里咽。忽然眼睛里飘过皮鞭的影子，它抬起脑袋望望前面：又得迈步了，拉着沉重的大车——那扣进它的肉里的压力。

对一匹拉大车的老马，诗人怎么会给予这样深切的关注呢？咱们想一想就明白了，用牛用马比作旧社会里受尽剥削受尽压迫的劳动者，在诗歌里是经常见到的。诗人可能看到了这样的一匹老马，联想到成千上万在田地上出卖血汗的雇农和在城镇里出卖血汗的苦力；也可能恰好倒转来，他看到了无数的出卖血汗的雇农和苦力，在脑海里汇成了这样一匹老马的形象。超过它所能负担若干倍的劳累，压得它的精神都麻木了；虽然不知道下一刻还能不能活着，它还是使出最后的一点儿力气，拖着扣进肉里的重负向前挣扎。这当然只是处在最底层的一部分劳动者的形象，面对着沉重的剥削和压迫，他们是那样的驯顺，简直不知道自己也有做人的权利。但是他们总有一天会醒悟，明白他们的安分知命是受了封建思想的束缚，是受了迷信思想的麻醉。到了那个时候，他们就会掀翻扣进肉里的重负，不顾在眼睛前面闪过的鞭影，跟着先进的产业工人，一同喊出向旧社会挑战的口号：

"从前是牛马,现在要做人!"

这首诗的韵有点儿特别。第一节四行:头一行末尾的"够(gòu)",跟第三行末尾的"扣(kòu)"押韵;第二行末尾的"话(huà)",跟第四句末尾的"下(xià)"押韵。第二节也是这样:头一行末尾的"命(mìng)",跟第三行末尾的"影(yǐng)"押韵;第二行末尾的"咽(yàn)",跟第四行末尾的"面(miàn)"押韵。咱们念的时候如果注意到这一点,声调一放一收,有一种特殊的节奏;又因为都押的仄声韵,节奏显得很短促,给人一种郁结的感受,跟这首诗的情调正相符合。

何其芳的《我把我当作一个兵士》

我把我当作一个兵士,
我准备打一辈子的仗。

当我因为碰上了工作中的困难而烦恼,
当我因为疲乏而感到生活的平凡而且单调,
我就想我是一个兵士,
一个简简单单的兵士。

我想我是在攻打一座城堡,
我想我是在黑夜放哨,
我想我不应该有片刻的松懈,
因为在我们的队伍中一个兵士有一个兵士的重要。
我把我当作一个兵士,
我准备打一辈子的仗。

诗人一开头就说,他把自己"当作一个兵士"。"当作"显然不是真有其事，而是设想，由此可见，"准备打一辈子的仗"是一个比喻——诗人说他要像兵士打仗一样对待自己的生活，而且坚持一辈子。

诗人做这样的设想，为的是勉励自己，他把他的设想写成了诗。咱们念了这首诗会受到感染，会跟诗人的心相通，也得到勉励。在工作中碰上了困难，咱们也烦恼过；工作得疲乏了，咱们也埋怨过生活太单调，日子过得太没有意思。在那些时候，咱们得跟诗人一样提醒自己：我是一个兵士，一个简简单单的兵士。兵士就是兵士，简简单单，平平常常，谁跟谁都一样，没有什么不同，更谈不上特殊。谁都是集体中的一分子嘛！只有那些自命不凡的人，才怨天尤人，自寻烦恼。

让咱们看一看，简简单单的兵士是怎样对待生活的吧。在攻打城堡的时候，他们奋不顾身，勇往直前，面对着重重困难，他们哪儿还有烦恼的工夫。他们想的是胜利，想的是怎样突破，怎样插入，怎样消灭敌人，怎样把红旗插上城堡，插上制高点。如果说那是冲锋陷阵，在枪林弹雨之中，谁的精神都会极度紧张起来，那么让咱们再来想一想他们在黑夜里放哨的情景吧——没有一点儿亮光，没有一点儿声音，他们睁大眼睛看着，侧着耳朵听着，一个夜晚又一个夜晚，平凡之极，单调之极，可是他们决不放松警惕：谁能料到敌人会在什么时候从哪个方向钻进来呢？不论打仗还是放哨，不论战争时期还是和平时期，所有的兵士都担负着安危胜败的责任，因为在队伍中,一个兵士有一个兵士的重要。念到这儿,咱们对待生活的态度如果是认真的,就会跟诗人的心发生共鸣:"我把我当作一个兵士,/我准备打一辈子的仗。"

咱们把这首诗从头到尾再念一遍,就会发现:第三节的头一行跟第二节的头一行相应,第二行跟第二节的第二行相应,对两种截然相反的情况都做了回答;第三、四两行归结前两行,又跟第二节的三、四两行相应,阐明了为什么要把自己当作一个简简单单的兵士。第三节一连用了三个"我想","我想"后面的意思都是从设想自己是一个兵士演绎出来的。最后一节重复第一节,从形式看很完整;更重要的是在意义上,咱们念完第二节第三节,自然会得出结论,愿意跟诗人一个样——把自己当作一个简简单单的兵士,准备打一辈子的仗。

这首诗有长行有短行,长行多念几遍就顺口了。最长的是第三节的第四行,有二十一个字,咱们念完"队伍中"可以稍稍停顿一下。第二节第一行末尾的"恼",第二行末尾的"调",第三节第一行末尾的"堡",第二行末尾的"哨",第四行末尾的"要",韵母不是"ao"就是"iao",而且都念仄声,算是押韵的,念的时候要能表现出来。第一节和第四节的两行互相不押韵,因为是警句,不押韵听起来反而显得精神;第二节的第三、第四两行跟前面两行也不押韵,也有同样的效果。

何达的《我们开会》

我们开会

我们的眼睛

像车辐

　　集中在一个轴心

我们开会

把我们的背

都向外

　　砌成一座堡垒

我们开会

我们的灵魂

紧紧地

　　绞成一根巨绳

面对着

共同的命运

我们开着会

就变成一个巨人

　　开会为的什么？为的交流情况，统一思想，集中大家的智慧做出决策，然后采取一致的行动去完成预定的任务。所以开会是一桩非常严肃的事儿，参加的人必须自始至终拿出全部的精神来，绝不能有一星半点儿松懈。念了这首《我们开会》，咱们对开会的严肃性，一定会有更深切的理解。

　　《我们开会》一共四节，前面三节都用"我们开会"开头，写在开会的时候的感受。第一节说，在开会的时候，大家的眼睛像车辐，集中在一个轴心。那个"轴心"就是正在发言的那个人。大家的目光都集中在他身上，集中在他脸上，因为大家都在用心听他说话，只怕漏掉了一言半语。目光的集中，表现了注意力的集中。

　　第二节说，在开会的时候，大家都把背"向外/砌成一座堡垒"。这又是一个比喻的说法。大家的注意力集中了，认识渐渐地更加一致，思想渐渐地更加统一，最后成为一个坚不可摧的堡垒。这个堡垒，正像在开会的时候，大家肩挨着肩，围成一个圈，用大家的背砌成的一个样儿。每个参加者都应该记住，他就是砌成这个堡垒的一块砖。

　　第三节又是个比喻，进一步说到精神的团结。在开会的时候，大家的灵魂"紧紧地/绞成一根巨绳"。分散的一绺一绺的麻吃不住劲儿,一扯就断,如果把一绺一绺的麻绞成一股一股的绳子,再把这许多股绳子绞成一根巨绳,你再试试,无论你用多大力量也扯它不断。应该说开会就是这样一个过程:先使大家认识统一,思想统一,最后达到精神团结——把大家的灵魂紧紧地绞成一根巨绳。

第四节突然一变,劈头就是"面对着/共同的命运"。这是大家不得不聚集在一起开这个会的原因,要不,花那个工夫干吗呢?正在开着会的时刻,正在开着会的过程中,大家的认识一致了,思想统一了,精神更加团结了,变得像一个人——一个巨人一样。散会以后,大家就要用一致的行动,像一个巨人似的去战胜面临的一切困难。这第四节是全诗的归结,不再用"我们开会"开头,不仅使形式有所变化,更重要的是把开会的意义表达得更加醒豁。

这首诗写在抗日战争后期,那时候,抗战能不能取得最后的胜利,中国能不能走上和平民主的道路,是每一个中国人的切身大事。面对着中国人民"共同的命运",为了不再给帝国主义和反动派当奴隶,为了建设独立自主繁荣富强的新中国,不少的青年和学生经常在一起开会,讨论怎样去进行斗争,才能赶走专事侵略的日本军国主义者,才能推翻国民党反动派的独裁统治。咱们可以设想,诗人一定亲自参加过不少次这样的会,否则他不可能有如此深刻的感受。

也许有人认为,那样严峻的时代早已成为过去,现在咱们开会，意义可没有那时候重大，似乎不再感觉到面对着什么"共同的命运"了。如果那样想就错了。举例说吧，咱们同学开一个学习总结会，会开得好不好，能不能使大家有所长进，这不是大家面对着的"共同的命运"吗？如果会开得好，使大家的学习真能有所提高，将来参加建设，每个人都可以多出一分力，这不就关系到全国人民的"共同的命运"吗？如果大家都以这样的认识高度来参加每一次会，咱们的祖国一定会更加迅猛地兴旺发达起来。

这首诗不用标点。咱们再仔细念一遍，就会发现原来每一段只是一句话；把一句话分成四行写，表示念到分行的地方应该稍稍停顿一下。停顿的时间哪儿应该稍长些，哪儿应该稍短些，得咱们自己体会——念得好，听起来很带劲儿。精神的集中，认识的一致，团结的增强，最后都表现为集体的力量，这个过程既复杂又抽象，诗人用"车辐"，用"堡垒"，用"巨绳"，用"巨人"这些个比喻，给了咱们非常鲜明的印象，并且能引起咱们许多联想。一首好诗往往能起这样的作用。

苏金伞的《摘棉花》

孩子爬在地下啃泥土。
声音已经哭哑了；
妈妈毫不关心的在摘棉花，
对于怀中的棉絮又如此的溺爱。

中国的孩子就是这样被看待着的。

我摘下一个棉花桃，
塞在孩子手里，
他马上放在嘴边舔着啃着，
痴呆地笑了。

中国的孩子就是这样的容易满足。

那女人反而怪起我来：
"吓，那是作孽的，

一个棉花桃要纺几丈线哩！"

　　这首诗写一件非常简单的事儿：妈妈下地去摘棉花，把孩子——一个还没学会说话的孩子放在地头上。孩子在地下爬着，啃着泥土，哭得声音都哑了。妈妈只管摘她的棉花，好像没听见似的。诗人摘了个棉花桃塞在孩子手里，孩子舔着啮着，笑了。做妈妈的反而责怪起诗人来，说这是作践了东西——一个棉桃能纺几丈线哩。

　　上面这样的叙述绝不能成为诗，连故事也算不上，因为情节太简单了，而且在旧社会里，这样的事儿也太寻常了。那么诗人为什么要把这件简单不过寻常不过的事儿写成诗呢？因为从这个孩子想开去，他想到了千千万万的孩子，心头的激愤再也按捺不住了。做妈妈的怎么会不疼自己的孩子呢？可是眼前的事实就是这样，孩子哭得声音都哑了，这位妈妈却毫不在意。按说她应该心痛得什么也顾不上，立刻跑过去把孩子搂在怀里。可是她不，她顾不上孩子，她怀里搂着棉絮哩。这棉絮，是她一朵一朵亲手摘下来的，她小心地搂在怀里，好像既怕它痛，又怕它冷，真可以说到了溺爱的程度。而应该受到她爱抚的孩子，只好趴在地下号哭。在旧中国，得不到应有的爱抚的孩子到处都是。"中国的孩子就是这样被看待着的。"诗人愤慨地向社会提出抗议，为千千万万孩子提出抗议。

　　孩子哭得声音都哑了，做妈妈的又毫不关心，总得想法子哄哄他才是呀。可是在棉田里，有什么可以哄孩子的东西呢？诗人只好摘下一个棉花桃，塞在孩子手里。没想到还挺有效，孩子捧着棉花桃又是舔又是啃的，高兴得笑了。他应该有吃的，可是没有；他应该有玩儿的，可是也没有。一个棉花桃就把他逗笑了，那模样儿真有点儿痴呆。即使真的痴呆，也不是他自己的缘故。他不但应该得到爱抚，还应该得到教育——所有的孩子都应该得到爱抚，得到教育。可是在旧中国，穷人家的孩子什么也得不到，连一个既不能吃又不好玩儿的棉花桃，也不是轻易能弄到手的。"中国的孩子就是这样的容易满足。"诗人再一次用事实向社会提出抗议，为千千万万的孩子提出抗议。

　　孩子不再哭了，按说做妈妈的应该感到欣慰。可是不，她反而责怪诗人糟蹋了棉絮。"一个棉花桃要纺几丈线哩！"她说。她爱惜一个棉花桃，爱惜几丈线，竟胜过了爱惜自己的孩子。这能责怪她吗？她要生活，日子苦得没法过了，她还得挣扎着活下去。她不是不疼自己的孩子，可是在生活的逼迫下，她顾不上自己的孩子。她得摘棉花，摘那赖以维持一线生计的棉花。她只好铁下心，由孩子爬在地下啃泥土；她只好铁下心，尽管孩子哭得声音都哑了；她甚至得铁下心，从孩子手里夺下那个棉花桃，夺下那个使她的孩子破涕而笑的棉花桃。"一个棉花桃要纺几丈线哩！"妈妈竟会这样忍心，咱们现在很难理解，因为咱们没有体验过旧中国的苦日子。但是咱们得知道，得记住，为了更加珍惜美好的今天，咱们决不能忘记中国人民的苦难的过去。

"中国的孩子就是这样被看待着的",一句作为一节。如果跟第一节连在一起,当然也可以,可是不如单独作为一节好,念的时候念完第一节,稍停顿一下再念这一句,会感到力量强得多。"中国的孩子就是这样的容易满足",也是一句作为一节,效果相同。像这样的结论性的语言,在诗歌中是不常用的,因为太概括,太直率,在这首诗里却用得挺合适,使咱们能从诗中写到的那个孩子和那个妈妈,想到在旧社会受苦的千千万万个孩子和妈妈。这首诗没押韵,但因为语言精练,意思深刻,能引起咱们的激情,所以仍然是一首好诗。

李搏程的《纤夫》

绳索陷进肉里，
两肩压弯了腰身，
右手着地帮着右腿蹬，
要挣出鲜红的心。
　唉啊——唉啊——唉啊——
　痛苦牵成一条线，
　像无尽的江水，
　流，流向天边。

肉在身上跳跃，
全身暴起了青筋，
汗水从第一个人的头顶
流到最后一个人脚跟，
淹没一个个脚印。
　唉啊——唉啊——唉啊——
　汗水流成一条线，

像无尽的江水，
　　流，流向天边。

哀号直到日落，
绳索牵回了人群，
又挨过一天的苦痛，
又送走一天的旅程，
黑夜带来了鼾声。
　　呼——呼——呼——
　　鼾声像卸不完的重负，
　　随着无尽的江水，
　　流，流向天边。

　　这首诗发表在新中国成立之前，写的是川江上的纤夫的痛苦的呼唤声。川江——四川境内的几条大江——长江、岷江、嘉陵江、乌江等等，全都水急滩险，几千年来，旅客来往，货物运输，主要是靠的木船。新中国成立后这么多年，木船还没有全部被机动船代替，可是航运安全多了，因为河道经过整修，还加强了管理。咱们念过李白的诗句："朝辞白帝彩云间，千里江陵一日还。"那是讲夏秋之交水涨的季节，乘着木船顺流而下的情形。痛快固然痛快，可是经常有船让激浪给打翻了，让岩礁给撞碎了。在江边的石滩上，随处可以拾到被流水打磨得非常光滑的木片，这就是那些遇难的木船的残骸。逆流而上主要靠拉纤——好像拔河比赛似的，纤绳的一头系在木船的桅杆上，江水裹着木船毫不留情地往下冲，另一头是一二十个纤夫，他们把挎在肩膀上的绳索系牢在纤绳上，拼着性命跟水力做较量。在旧社会里，纤夫是生活在最底层的苦力。咱们且看诗人是怎么描写他们的。

头一节："绳索陷进肉里"——湍急的江水裹着沉重的木船，把纤绳绷得紧紧的，挎在他们肩膀上的绳索深深地陷进了他们的肌肉。"两肩压弯了腰身"——如果扛什么东西，他们的腰杆非挺直不可，因为重量自上而下压在他们的肩膀上；拉纤可完全不同，肩膀得抵住从背后来的拉力，为了跟冲向下游的流水相抗衡，他们得把上半身尽量往前倾，肩膀上的重负压弯了他们的腰杆。他们左手向后拉住纤绳，好给肩膀帮上一把力；右手扒在地上，抓住一棵草也好，扳住一块石头也好，使劲帮着右腿向前蹬。好不容易迈出一步，左腿急忙跟上挺住，好让右腿右手一齐使劲，再向前蹬。他们赤裸着胸膛，可以看出他们的心在猛烈地搏动——胸膛似乎就要被挣破了，那颗鲜红的心就要跳出来了。"唉啊——唉啊——唉啊——"他们一齐使劲，有节奏地喊着号子。"痛苦牵成一条线"——纤绳把他们每个人的痛苦串在一起了。说不完的痛苦随着这流不尽的江水，流呀，流呀，"流向天边"——望不见尽头。

第二节："肉在身上跳跃，/全身暴起了青筋"——肌肉跳动,青筋暴起,这是力的表现;他们使出了全身所有的力气,在这场无休无歇的跟激流的斗争中,他们丝毫不能怠慢。他们浑身是汗,"汗水从第一个人的头顶/流到最后一个人的脚跟";汗水滴在沙滩上,淹没了他们自己踩出来的一个个脚印。"唉啊——唉啊——唉啊——"他们喊着号子,汗水沿着江岸流成一条线,和着无休无歇的劳累,随着这流不尽的江水,流呀,流呀,"流向天边"——望不见尽头。

第三节说太阳落山了,船停靠在岸边,纤夫回到船上,躺在船头的甲板上。"哀号"就指"唉啊——唉啊——唉啊——"的号子声。咱们念过了前头两节,完全能体会这号子声没有一点儿进取的欢乐,而是不能忍受又无法摆脱的劳累的呻吟。直到太阳落山,船靠岸了,纤夫们才停止哀号。纤绳收回船上,纤夫们挨个儿跟着回到船上,像干了一天活儿的牲口,让纤绳给拉回圈里。"又挨过一天的苦痛,/又送走一天的旅程",这儿的两个"又"字,表明他们天天如此,背着沉重的纤绳,沿着江边走了一程又走一程。天黑下来了,劳累了一天的纤夫连说个话儿的力气也没有了,他们都呼呀呼地睡着了。"呼——呼——呼——"鼾声这么大,睡得那么死,可是白天的重负仍然压在他们的肩膀上,就像这流不尽的江水,流呀,流呀,"流向天边"——望不见尽头,不知到哪一天才能了结。

这样的一天终于到来了!四川解放之后,纤夫们跟所有的劳动者一个样,摆脱了剥削和压迫,劳动减轻了,生活改善了。可是川江上还有不少纤夫，上水的木船还得靠他们拉，他们还得用浑身的力气去跟湍急的江水做较量。要等到川江上的运输全部机械化了，全都用上了轮船，情况才能彻底改变。咱们相信这样的一天总要到来的，而且不会太遥远了。到了那个时候，纤夫都要转业了。他们大多将成为轮船上的员工和管理航运的员工，成为川江上真正的主人，大自然的主人。

这首诗一共三节，每一节都可以分为两个部分。咱们先比较第二节和第一节的后四句，一望而知，除了把"痛苦"换成了"汗水"，其余完全一样。这种形式很像歌谣中的副歌。在分成几节的歌谣里，往往有几句在各节中重复出现。如《国际歌》一共三节，三节的后两句都是"这是最后的斗争，团结起来，到明天，英特纳雄耐尔一定要实现。这是最后的斗争，团结起来，到明天，英特纳雄耐尔一定要实现"。这种在各节中重复的部分就叫副歌。一首歌谣的主要意思往往表现在副歌中，而副歌重复出现，能使唱的人和听的人都得到更深的感染。这首《纤夫》的类似副歌的部分，也能起这样的作用。在歌谣中，各节的副歌也可能稍有不同，或者歌词有点儿变化，或者曲调有点儿变化，而且变化大多在最后一节。这首《纤夫》的第三节，类似副歌的部分也跟前两节不同，变化稍大点儿，正好作为一首诗的结尾。

第一、第二两节的类似副歌的部分，第二句末尾的"线"和第四句末尾的"边"，韵母都是"ian"，所以念着顺口。第一节，第一行末尾的"身（shēn）"和第二行末尾的"心

（xīn）"押韵。第二节，第一行末尾的"筋（jīn）"和第二行末尾的"跟（gēn）"押韵；第五行末尾的"印（yìn）"，韵母虽然跟"筋"相同，却念去声，严格地说不算押韵。第三节，第四行末尾的"程（chéng）"和第五行末尾的"声（shēng）"，韵母相同，一个念阳平，一个念阴平，勉强可以算押韵；但是第二行末尾的"群（qún）"，韵母跟"程"和"声"不同，因而并不押韵。从整首诗来说，念起来还顺口。

适夷的《山中杂诗》

妈妈两腿都是泥，
肩着锄头回家了。
孩子笑捧红山花，
却在妈妈前头跑。

夕阳还在山头照，
两个影子都在跑。
一个，又低又小，
一个，又大又高。

不要那样地笑，
不要那样地跑，
汗流到小脸上了，
花瓣落到路旁了。

红红的一滴一滴的，

零落在石砌的山道。
你说这像个什么呀,
你回过头来瞧一瞧。

路上的石头它记得,
山里人们也没忘掉。
妈妈她忽然沉默了,
孩子那当然不知道。

　　《山中杂诗》,诗人写了五首,咱们念的是第五首。这山是浙江的四明山,革命游击战争的根据地。新中国成立后过了几年,诗人回到四明山,回到他曾经战斗过的地方,感受自然很多,于是写下了这一组《山中杂诗》。
　　这第五首写的是傍晚在山道上经常可以见到的景象:妈妈肩着锄头,两腿都是泥;她干了半天活,这时候要赶回家去做晚饭了。孩子捧着一大把红色的山花——可能是杜鹃吧,隔远了看不真切。他高兴地笑着,跑在妈妈前头。太阳搁在山头上,好像瞧着这快活的母子俩,还舍不得落下去似的。斜照的阳光把母子俩的影子映在山道上。那两个影子——一个小一个大,一个低一个高,怎么都在奔跑呢?原来母亲在追赶跑在她前头的孩子。
　　第一、第二两节,诗人用淡淡的几笔,把他看到的景象勾勒下来,像一幅恬静而又欢乐的素描。第三、第四两节,却是妈妈的话。

孩子在前头跑,妈妈一边追赶一边叫喊:"孩子呀,你别笑啦!别跑啦!看你跑得小脸上都是汗了!看你好不容易采来的花,花瓣都落在路边上了。"这第三节,话也挺平常,疼爱孩子的妈妈遇到类似的场合都会这样呼唤的。可是一看到落在石砌的山道上的花瓣,妈妈忽然想起了什么。她呼唤在她前面奔跑的孩子:"你回过头来瞧一瞧呀,那落在山道上的红红的一滴一滴,你说像个什么呀?"妈妈忽然想起了什么呢?她说那些花瓣——红红的花瓣,到底像个什么呢?花瓣不是一片一片的吗?在她的眼睛里怎么会变成一滴两滴了呢?这么一想,咱们全都明白了。

正因为咱们已经明白,诗人到了儿也没有把谜说破。他只说,"路上的石头它记得,/山里人们也没忘掉"。连路上的石头都记得,山里人怎么会忘掉呢?妈妈正因为没有忘掉,她忽然愣住了。可是她什么也没有说。咱们相信她总有一天要说的,等到孩子稍稍懂事的时候,等到孩子戴上红领巾的时候,等到孩子面对团旗宣誓的时候……红红的一滴一滴,曾经怎样洒在咱们祖国的每一寸土地上,如此伟大的史实必须让后来的人知道,让每一个人牢记在心里。还要让大家都来想一想,咱们后来的人必须怎样做,才不至于辜负了那红红的一滴一滴——曾经滋润了祖国大地的,没法数得清的,像花瓣般鲜艳的,那红红的一滴一滴。

这首诗有好几行都用"了"字结尾,按普通话,"了"字这样用应该念作轻声"le",可是在歌谣和戏曲里,往往念作"liǎo"。在这首诗里,念作"liǎo"比较合适,可以使押"iao"韵的行数多一些,听着顺耳。

郭小川的《甘蔗林——青纱帐》

南方的甘蔗林哪,南方的甘蔗林!
你为什么这样香甜,又为什么那样严峻?
北方的青纱帐啊,北方的青纱帐!
你为什么那样遥远,又为什么这样亲近?

我们的青纱帐哟,跟甘蔗林一样地布满浓荫,
那随风摆动的长叶啊,也一样地鸣奏嘹亮的琴音。
我们的青纱帐哟,跟甘蔗林一样地脉脉情深,
那载着阳光的露珠啊,也一样照亮大地的清晨。

肃杀的秋天毕竟过去了,繁华的夏日已经来临,
这香甜的甘蔗林哟,哪还有青纱帐里的艰辛!
时光像泉水一般涌啊,生活像海浪一般推进,
那遥远的青纱帐哟,哪曾有甘蔗林里的芳芬!

我年轻时代的战友啊,青纱帐里的亲人!

让我们到甘蔗林集合吧,重新会会昔日的风云;
我战争中的伙伴啊,一起在北方长大的弟兄们!
让我们到青纱帐去吧,喝令时间退回我们的青春。

可记得?我们曾经有过一个伟大的发现:
住在青纱帐里,高粱秸比甘蔗还要香甜;
可记得?我们曾经有过一个大胆的判断:
无论上海或北京,都不如这高粱地更叫人留恋。

可记得?我们曾经有过一种有趣的梦幻:
革命胜利以后,我们一道捋着白须、游遍江南。
可记得?我们曾经有过一点渺小的心愿:
到了社会主义时代,狠狠心每天抽它三支香烟。

可记得?我们曾经有过一个坚定的信念:
即使死了化为粪土,也能叫高粱长得秆粗粒圆;
可记得?我们曾经有过一次细致的计算:
只要青纱帐不倒,共产主义肯定要在下一代实现。

可记得?在分别时,我们定过这样的方案:
将来,哪里有严重的困难,我们就在哪里见面;
可记得?在胜利时,我们发过这样的誓言:

往后,生活不管甜苦,永远也不忘记昨天和明天。

我年轻时代的战友啊,青纱帐里的亲人!
你们有的当了厂长、学者,有的作了编辑、将军。
能来甘蔗林里聚会吗?——不能又有什么要紧!
我知道,你们有能力驾驭任何险恶的风云。

我战争中的伙伴啊,一起在北方长大的弟兄们!
你们有的当了工人、教授,有的作了书记、农民,
能再回到青纱帐去吗?——生活已经全新,
我知道,你们有勇气唤回自己战斗的青春。

南方的甘蔗林哪,南方的甘蔗林!
你为什么这样香甜,又为什么那样严峻?
北方的青纱帐啊,北方的青纱帐!
你为什么那样遥远,又为什么这样亲近?

　　北方到了夏秋季节,高粱长得密密层层,无边无涯,当地人管它叫"青纱帐"。在过去的战争年代里,老百姓靠青纱帐的掩护,经常出奇制胜,袭击敌人。诗人年轻的时候也在青纱帐里打过游击,在另一首诗里,他满怀激情地唱:

哦，我的青春、我的信念、我的梦想……
　　无不在北方的青纱帐里染上战斗的火光！
　　哦，我的战友、我的亲人、我的兄长……
　　无不在北方的青纱帐里浴过壮丽的朝阳！

　　哦，我的歌声，我的意志，我的希望……
　　好像都是在北方的青纱帐里生出翅膀！
　　哦，我的祖国、我的同胞、我的故乡……
　　好像都是在北方的青纱帐里炼成纯钢！

　　诗人对青纱帐倾诉了他的眷恋，抒发了他感激的情意。而这一首《甘蔗林——青纱帐》，诗人是写给他的青年时代的战友——青纱帐里的亲人的。他告诉战友们，他走进了海防线上的甘蔗林，不由得想起了"我们"当年的青纱帐。他呼唤战友们，问他们可还记得当年大家对革命的理解是多么天真，而信念又如何真挚。大家再聚集在青纱帐里，那种可怀念的日子是不会再现了；自从革命胜利，战友们都分散到不同的岗位上。诗人说，虽然不能见面，但是他相信大家都"有能力驾驭任何险恶的风云"，都"有勇气唤回自己战斗的青春"。这是恳切的祝愿，还是郑重的叮咛？不管你怎么理解吧，你都能感受到诗人对青年时代的伙伴的满腔深情。

　　让咱们把这首诗从头念一遍吧。头一节四行，是两句问话，一句问甘蔗林，一句问青纱帐。他问甘蔗林："你为什么这样香甜，又为什么那样严峻？"形式是提问，其实是感叹。诗人怎么会不知道甘蔗林是海防战士用汗水浇灌的，所以这样的香甜；而所以那样严峻，是因为敌人如果从海上来侵犯，甘蔗林将会跟当年的青纱帐一样，教闯进来的敌人一个也回不去。诗人又问青纱帐："你为什么那么遥远，又为什么这样亲近？"这一句更不是提问。"遥远"有两层意思：从地域来说，青纱帐在遥远的北方；从时间来说，青纱帐留在诗人早年的记忆里。这后一层意思，在诗中表现得更明显。至于"亲近"，是甘蔗林的景色跟诗人熟悉的青纱帐太相像了，因而勾起了他的回忆，青年时代在青纱帐里的战斗生活，霎时间都涌到了他的眼前。

对青纱帐的怀念是由甘蔗林引起的，那么两者到底有什么相同，又有什么不同呢？诗人做了反复细致的比较。先说相同的，那是第二节，咱们念着好像走进了甘蔗林或者青纱帐的浓荫里，听到细长的叶片被风摆动的声音，看到叶片上的露珠闪烁着清晨的阳光。接着说不同的，那是第三节。诗人用"肃杀的秋天"来比喻过去的战争年代，用"繁华的夏日"来比喻面临的建设时期。"时光像泉水一般涌"，是截不断的；"生活像海浪一般推进"，是挡不住的。眼前的甘蔗林究竟不同于当年的青纱帐了。差别在哪儿？在诗人看来，"艰辛"比当年差了点儿，"芳芬"比当年多了点儿。究竟是建设时期了嘛，还能跟当年打游击的年代一个样儿？——现在的年轻人很可能会这样说。

当年青纱帐里的生活，能知道的只有在一起打游击的伙伴了。于是诗人热诚地呼唤他的战友，请他们都来到甘蔗林里聚会。他对战友们说："让我们到青纱帐去吧，喝令时间退回我们的青春。"这怎么可能呢？时间管自向前飞奔，它绝不倒退，绝不会把青春退回给任何人。时间能给人们的只有对往事的回忆：让诗人和战友们"会会昔日的风云"，一同来回忆一下在青纱帐里战斗的日子。这是第四节，诗人从怀念青纱帐过渡到怀念"战争中的伙伴"，"一起在北方长大的弟兄们"。

接下去的四节，诗人向青纱帐里的亲人一连问了八个"可记得"。那些话是怎么说起来的，七嘴八舌地有过哪些争论，战友们是无论如何不会忘记的，连谁的口吻，谁的神态，甚至都在耳边，都在眼前。回想起来，有些话天真得有趣，甚至幼稚得可笑，可是也有些话是严肃而且坚决的。"将来，哪里有严重的困难，我们就在哪里见面。"掂一掂这句临别赠言有多大的分量，凝聚着由艰苦的战斗培育起来的相互信任。"往后，生活不管甜苦，永远也不忘记昨天和明天。"是的，昨天是不能忘记的，没有昨天艰苦卓绝的斗争，哪会有今天人民革命的胜利！明天同样是不能忘记的，因为明天是咱们的希望，是共产主义。忘记了革命的历史，忘记了奋斗目标，一个人活着还有什么意义呢？咱们都应该把这句话时刻记在心上。

青年时代的战友如今分散在各地，分散在不同的岗位上，再要聚会是不太可能了。诗人说，这没有什么，即使出现了任何险恶的风云,他相信大家都有驾驭的能力,都不会迷失前进的方向。回到青纱帐里,再过青年时代那种艰辛而又亲密的战斗生活,当然更不可能了。诗人说,这也没有什么。时间虽然不肯把青春退回给任何人,但是他相信,大家都有勇气唤回自己的战斗的青春,革命意志绝不衰退。

诗人用祝愿和叮咛,告别了他的没法见面的战友,结束了他们相互之间的会心的谈话,这是第九节、第十节。可是在这香甜而又严峻的甘蔗林里,他总也摆脱不了对青纱帐——那遥远而又亲近的青纱帐的怀念。他重复开头的一节作为全诗的结尾,这是一个意犹未尽的结尾。

这首诗开头的四节,各行的末一字除了"帐"之外,全都同韵(包括韵母en、in、un),只是有的念阴平,有的念阳平,有的念去声,押韵并不十分严格。从第五节起,诗人有意转换成另一个韵。一连四节,诗人向青年时代的伙伴问了八个"可记得",这十六行的末一个字都同韵(包括韵母an、ian、uan),也是有念阴平的,有念阳平的,有念去声的,押韵也不十分严格。第九节不再提问,就回到了原先的韵。咱们在念的时候,要是注意到韵的转换跟意义的相应关系,感受可能更深一些。

卉放的《我们是接班人》

亲爱的朋友,
你想一想,
几年以后,
你将在哪一个岗位上?

也许你站在雪封的山林,
保卫着祖国的边疆;
也许你生活在海边,
巡视着绿波滚滚的海洋。

也许你在大冶或鞍山,
勤劳地操作在高炉旁;
也许你驾着拖拉机,
奔驰在辽阔富饶的"北大荒"。

也许你在康藏高原的荒山中,

为祖国发现了丰富的宝藏；
也许你在大兴安岭的大森林里，
把砍伐的木材运向工厂。

也许你在奔腾的长江三峡，
在巨大的水电站的工地上；
也许你在美丽的草原，
放牧着肥美的牛羊。

也许你在群山环绕的农村小学，
向孩子们说着美丽的理想；
也许你在北京的剧院，
演出人们喜爱的舞蹈和歌唱……

亲爱的朋友！
那是多么灿烂的时光，
祖国成了鲜花的世界，
照着永不落山的太阳。

从漠河到曾母暗沙，
从帕米尔到乌苏里江，
在祖国五彩斑斓的土地上，

到处都有我们的歌声在飞扬。

我们是明天的接班人,
毛主席的号召——
"身体好,学习好,工作好,"
我们一刻也不能忘。

亲爱的朋友,
让我们精神饱满地准备着,
接下老一辈手中的工具吧!
为了幸福的社会主义,
为了实现建设祖国的伟大理想。

　　这首诗的作者是三十年前的一位中学生。那是一九五四年,中国新民主主义青年团(一九五七年改名为中国共产主义青年团)成立五周年,这位年轻的诗人写了这一首《我们是接班人》,作为献给自己的组织的礼物。开头第一节,他说:"亲爱的朋友,/你想一想,/几年以后,/你将在哪一个岗位上?"他是问他的同学,当时都是中学生,其中有不少是团员。"在哪一个岗位上?"实际上就是问"在哪儿?做什么工作?""岗位"是比喻的说法,本意是兵士执行守卫任务的位置。站在岗位上的兵士得恪守自己的职责,一刻也不能懈怠。所以用"岗位"来比喻工作的地点和职责，意义就严肃得多。三十年过去了，写这首诗的诗人和他的同学，以及他的同时代的青年，都早已站到了自己的岗位上，为保卫和建设伟大的社会主义祖国出过不少力，做了不少贡献，现在还在继续出力，继续做贡献。可是这首诗提出的问题，选择一个为祖国尽力为人民服务的岗位，永远是每一位青年必须认真考虑的问题。让咱们一同来念一念这一首诗，看看在新中国成立之初，五十年代的青年是怎样考虑这个问题的。

《我们是接班人》一共十节，除了最后一节，每节四行。第一节就提出了这个严肃的问题，问同学们几年以后将在哪个岗位上，接下去五节——从第二节到第六节，一连十个答案，是诗人代同学们设想，设想他们可能做怎样的回答。每个答案只占两行，把在哪儿和做什么做了形象的概括；因为是设想，所以都用"也许"开头。这十个答案好像十幅美丽的图画，展示在同学们面前，让大家选择。可供选择的岗位绝不止这十个，中国的解放给青年开辟了广阔的前途，有意义的岗位到处都是，说不完也数不清，即使再写上十节二十节，也没法全都列举出来。所以在第六节的末尾，诗人用了个省略号，表示话到这儿还没有说完，请同学们再想开去，谁都可以找到能够发挥自己的智慧和能力的、为祖国尽力为人民服务的岗位。

接下去两节——第七节、第八节，说几年以后，同学们都站到了各自的岗位上，将会出现一个怎样热火的场面。那是灿烂的时光，祖国到处是鲜花。"永不落山的太阳"指的是中国共产党将永远照耀着全国人民前进的道路。漠河、曾母暗沙、帕米尔、乌苏里江，挨次是我国最北、最南、最西、最东的地方。第八节说，在我国辽阔的土地上，从北到南，从西到东，各地景色不同，显得五彩斑斓，几年以后，同学们将遍布全国各地。多么值得自豪呀，"到处都有我们的歌声在飞扬"。

　　诗人跟同学们说，"我们是明天的接班人"，将要接替老一辈革命家，把社会主义事业推向前进。还提醒同学们要记住毛主席对青年的号召，要身体好，学习好，工作好。记住当然是为了身体力行，在目前的学习阶段应该切实做到，将来到了各自的岗位上，还应该切实做到。最后，诗人对同学们说，"让我们精神饱满地准备着"，像接力赛跑的运动员似的，鼓足劲头，做好准备，等待着接过革命的火炬，接过老一辈手中的工具和事业，建设幸福的社会主义，建设伟大的祖国。

　　咱们现在念这首诗，感受应该比三十年前的中学同学更深。在过去的三十年中，咱们的革命和建设取得了伟大的胜利，也受到过不少挫折。有了经验，有了教训，咱们终于找到了建设有中国特色的社会主义的道路，到公元两千年，要使工农业的生产总值比一九八〇年翻上两番。每个同学都得认真地想一想，为了参加这样伟大的事业，为了和全国人民一起完成这样艰巨的任务，自己应该如何锻炼体魄，学习知识，增强能力，几年以后就精神饱满地站到各自的岗位上，接老一辈的班，成为建设社会主义祖国的中坚力量。

这首诗的前八节：第一行和第四行的末一字，韵母都是"ang"；最后两节的末一字，韵母也是"ang"。韵母是"ang"，念起来响亮，符合这首诗高昂的情调。但这些字的声调不同，有念阴平或阳平的，也有念上声或去声的，押韵并不严格。

李瑛的《雨中》

一朵云,
拧下一阵雨,
匆匆地掠过车篷。

汽车兵,
从车窗伸出一只手,
想接一把水擦擦眼睛。

雨呢?雨呢?
好像顽皮的云朵,
在逗引我们汽车兵。

亮晶晶的雨没落就干了,
大戈壁呀仍如炉火熊熊,
汽车兵一笑,又睁大了眼睛。

"干!"焦裂的唇边蹦出一个字。

车队切开大戈壁，

　　辗出一道七彩的虹……

　　念这首《雨中》，咱们好像坐在电视机前看纪录片：解放军的汽车队在戈壁滩上行进；万里晴空，忽然出现了一朵云；一阵雨点打在车篷上；汽车兵把左手伸出窗外试了试，雨已经住了；他笑了笑，又睁大眼睛，说了声"干"，继续往前开；车队越去越远，无边的戈壁滩上留下一道轮子碾过的痕迹。诗人用的不是摄影机，而是用手里的笔摄下了这一连串的特写镜头。咱们念着这首短诗，好像跟诗人一同去到大戈壁，经历着诗人当时的体验，他所感染到的汽车兵的思想感情使咱们起了共鸣。

　　"一朵云"，云只有一朵，小小的一朵。在大戈壁中，耀眼的蓝天笼罩着望不见边的铺满砾石的黄土，能看到一朵云，跟找着一小块绿洲同样难得，如果咱们是汽车兵，一定会高兴得喊出来的。不但起了云，还下起雨来了，听，车篷上"唰唰"的一阵响。真不容易哪——说"飘"，未免过于轻松；说"洒"，没有那么慷慨。诗人在这儿用了个"拧"字，雨是从那朵云里"拧"出来的，使了劲儿，花了力气，还只有这么短暂的一阵，在车篷上一掠而过。

　　听到雨声，汽车兵喜出望外，情不自禁地把一只手伸出窗外。他没有停车，另一只手还把着方向盘哪。在戈壁中行车，眼睁老睁着，冲着炙热的气流，他只想接一把雨水，润一润又干又涩的眼睛。可是雨呢？雨在哪儿呢？他一滴也没接着。那朵云真是顽皮，它突然出现在晴空中，还故意"拧"出一阵雨来"逗引我们汽车兵"。请注意"汽车兵"前面的"我们"，有了这个"我们"，可见受骗的汽车兵不是一个，而是车队中所有的汽车兵，而且有了这个"我们"，连诗人自己也参加到汽车兵的行列里去了。所有的汽车兵，包括诗人在内，都盼望着一场雨——只要能润一润干涩的眼睛就心满意足了，谁知道竟不能够。

雨点儿亮晶晶，映着太阳光，没落到地面就让炙热的空气给蒸发了，化为蒸汽了。这一阵短暂的雨能起什么作用呢？戈壁依旧烫得烤人，像熊熊的一炉子火。汽车兵并不在意，只淡淡地一笑，笑那朵戈壁上空的云太顽皮，也笑自己过于轻信，竟然忘了这儿是戈壁。眼睛虽然干涩得难以忍受，又睁得大大的，望着前面耀眼的蓝天和见不到边的布满砾石的黄土。

"'干！'焦裂的唇边蹦出一个字。"尽管嘴唇干得发焦了，干得开了裂，汽车兵的意志并未动摇。"干！"这干脆响亮的一声，就是从焦裂的唇边"蹦"出来的。车队继续前进，"切开"了阻碍人们交往的大戈壁，在望不见边的黄沙上"辗出"一道通途。"切开"，见得锋利；"辗出"，见得力量。归根结底，都显示的是汽车兵的意志。这一条穿越戈壁的大道，在诗人看来简直是一条七色的彩虹——一座绚丽的天桥。他浮想联翩，却没有再往下写，而是用六个圆点结束了他的这首短诗。用省略号做结尾表明话还没说尽，咱们念到这儿可以自己想开去，自由地驰骋咱们的推理和联想。

既然诗人给咱们做了这样的暗示，咱们不妨想一想，诗人写成这首《雨中》，所凭借的到底是哪些因素。他一定跟着解放军的汽车队去过大戈壁，还碰上了这一阵短暂的雨。他跟汽车兵一道，经历过戈壁中的干燥和炙热，因而能够体会汽车兵在那个严峻的环境中的思想感情。他还理解解放军的汽车队穿越大戈壁的意义。我国的戈壁分布在内蒙古、甘肃、青海、新疆一带，几千年来阻碍着边疆和内地的物资交流，阻碍着住在边疆的兄弟民族人民和住在内地的汉族人民的文化交流。解放军的汽车队是开路先锋，他们切开了大戈壁，碾出一条大道，带头改变了历史遗留下来的可悲状况。对于这一点，咱们可以断定诗人的理解是非常深刻的。即使在写这首诗的当时他自己并未意识到，这仍然是潜在的动机。要不，他怎么会把戈壁滩上的轮痕看成七色的彩虹呢？

纪征民的《笑》

每当出钢的钟声敲响之后,
他总蹲在那里,静静地等候。

——像小时候蹲在地头,
守着一颗苦瓜的成熟;

——像年轻时候等待儿女,
默默地守在产房的门口……

出钢了,看他笑得多甜!
像阳光下抖开的一卷丝绸。

呵,假若此刻把他雕塑下来,
我敢说,那便是希望和祖国的不朽!

这首《笑》,写的是一位炼钢老工人的神态和感情。一共十行，分成五节，每节只有两行：前三节写"出钢的钟声敲响之后"，后两节写"出钢了"——时间就这么短。看第二节，咱们知道这位老工人的少年时代是在新中国成立前度过的，到八十年代他早已年过半百，或者将要退休，或者已经退休，可他还是离不开他的老伙伴老战友——炼钢炉。诗人写他的神态和感情，都切合他的年龄特点和生活经历，所以念着这首短诗，一位炼钢老工人就显现在咱们眼前：咱们不仅看到了他的动作和表情，而且能听到他的心在怎样跳动。

先说前头三节，"出钢的钟声敲响之后"。第一节，第一行开头的"每当"和第二行开头的"他总"，告诉咱们这首诗写的不是偶然的一回，而是回回出钢都是如此，只要钟声一响，老工人就"蹲在那里"，对着出钢口，"静静地等候"，等候钢水从炼钢炉里流出来。那光灿夺目的景象，他不知看过多少回了，可是永远没有个够。紧跟着第二节、第三节，开头都用了个破折号。破折号用在这儿不是表示意思发生了转折，而是告诉咱们，这两节是头一节的补充，诗人用两件事——老工人可能经历过的两件事，来描摹他"静静地等候"着出钢的神态：一件是"小时候蹲在地头，/守着一颗苦瓜的成熟"；另一件是"年轻时候""守在产房的门口"，妻子快要分娩了，他在"等待儿女"来到人间。

在旧社会里，劳动人民的日子苦极了，人们常说苦得跟苦瓜一个样儿。其实苦瓜的滋味并不是一成不变的，等到它那长满了小疣子的外皮由淡青色转成了鲜艳的橙黄色，苦味儿就跟着消退了，最后外皮裂开，露出一粒粒种子；种子外面裹着鲜红的瓤，比宝石还好看，又带点儿淡淡的甜味。贫苦人家的孩子没有零食也没有玩儿的，所以常常可以看到他们蹲在地头，守着苦瓜等候它成熟。老工人小时候也这样等候过吧——跟这会儿等候出钢相比，专心致志一个样儿，满怀希望也一个样儿。再说巴望苦尽甘来，正是劳动人民在旧社会里的最大的心愿，这个心愿如今已经变成了现实，大家都成了自己的生活的主人。诗人选择等候苦瓜成熟来做比拟，很可能为了给咱们暗示，使咱们产生种种联想。

至于守在产房门口默默地等候儿女出生，那种复杂的心情——期待夹杂着担心，高兴又带点儿不安，凡是做父亲的谁都体验过，跟老工人这会儿等候出钢相比，真是最贴切不过了。在第三节末尾，作者加了个省略号。他可能表示对于等候儿女出生，可说的还有许多；也可能表示除了第二节、第三节说的两件事儿，还有许多事儿可以用来描摹老工人等候出钢的心情。不管他是怎么想的，总之来不及写了——看，炽热的钢水已经从炼钢炉里流出来了。

"出钢了，看他笑得多甜！"笑是脸上的表情，甜是心里的感受。老工人心里有多甜，诗人是怎么体会到的呢？因为他看到老工人笑得"像阳光下抖开的一卷丝绸"。丝绸映着阳光，鲜艳，灿烂。这说的是老工人的笑容哪，咱们没有忘记，他的脸原来绷得紧紧的，在"默默地"守着，在"静静地"等候，就在钢水流出来的一刹那,他的笑爆发了,是从心底突然爆发出来的,像一匹卷着的丝绸在阳光下抖开一个样儿,不但光彩闪烁,还活力逼人。"阳光下抖开的一卷丝绸",初看起来,用这个景象来形容刚从炉里流出来的钢水似乎更贴切些。可是再一想,工人脸上的笑——多甜的笑,不正反映着那炽热透亮的瀑布般的钢水吗?诗人感动极了,他建议应该抓住这个瞬间,给老工人做个雕像或者塑像,把他的神情固定下来——当然得突出地刻画他脸上的笑容,那多甜的笑。诗人连这个雕塑的名字都给想好了,或者叫"希望",或者叫"祖国的不朽",或者把两者连在一起——"希望和祖国的不朽"。诗人认为,老工人这时候的神态和感情,用来表现这样的主题是最恰当不过的。

这首诗基本上押韵。看各行的末尾一字:"后""候""头""口""绸""朽"都同韵(韵母包括iu和ou),可是声调不同;"熟"在口语中可以念作"shóu",所以也押韵,而且跟"头""绸""朽"一样,都念阳平声。

李武兵的《扛着枕木,我们走》

扛着枕木,我们走哟,我们走!
力量鼓满肩胛、背脊和两腿的肌肉。
我们要在荒漠上踏出一条走进矿区的铁路,
心上只有一个燃烧的念头——
　　我们走,我们走!

哼唷!喊着号子,扛着枕木,我们走!
我们热血沸腾哟,我们精神抖擞!
吃着苞米饭,嚼着脱水菜,
我们一刻也不停止执着的追求!
　　我们走,我们走!

哼唷!喊着号子,扛着枕木,我们走!
不相信那疯狂而杂乱的舞步,
能踏出文明的音符,赶走风沙的嘶吼,
不相信埋怨和牢骚能赶走贫困和落后!

我们走，我们走！

哼唷！喊着号子，扛着枕木，我们走！
袒露黝黑的胸膛，昂着头——
正视艰难的跋涉，不怕旁人投来轻蔑的一瞥！
没有骆驼的韧劲，哪能拓出绿洲？
　　我们走，我们走！

哼唷！喊着号子，扛着枕木，我们走！
相信我们的肩膀，相信我们的双手！
只要流汗，只要铺筑，只要奋斗，
我们播种的爱情就一定获得丰收。
　　哼唷！我们走，
　　哼唷！我们走！

　　这是一支劳动者的歌，修筑铁路的工人在劳动的时候唱的歌——他们正在荒漠上修筑一条通向矿区的铁路。全诗分五节，最后一节有六行，其余都是五行。第一节的第一行："扛着枕木，我们走哟，我们走！"是召唤同伴们一起干。以后各节的第一行都相同，用"哼唷"开头，后面还是"扛着枕木，我们走！"只加了一个短句"喊着号子"。这样一改动，就不是召唤的口气，而是鼓舞同伴们继续努力干。各节的末一行都是"我们走,我们走!"最后的第五节加了两个"哼唷',分成了两行,因而这一节多出了一行来。"我们走"是这首诗的基调,它一再出现,相当于一支乐曲的主旋律。咱们念着,好像参加了筑路工人的行列,跟他们一起扛着枕木,一起喊着号子,脚踏实地地一步一步朝前走。

第一节说他们的力量来自一个"燃烧的念头"。"力量鼓满……肌肉",等于说鼓起的肌肉充满着力量,而肩胛、背脊和双腿,正是扛沉重的枕木最要使劲的部位。要在"荒漠上踏出"一条铁路,这个说法一点儿也不夸张,他们扛着枕木,沿着路基走到哪里,铁轨就铺到哪里,一直"走进矿区"。路本来是人走出来的嘛。所以他们心上只有一个念头——"我们走,我们走!"这个念头在他们心上燃烧着,火辣辣的,使他们浑身鼓足了劲儿。

第二节说艰苦的生活阻止不了他们的"执着的追求"。他们"吃着苞米饭,嚼着脱水菜"。脱水菜是除去了水分的新鲜蔬菜,要用水泡开了才能吃,可是荒漠上哪儿有这许多水,他们只好用自己的唾沫来拌它。生活这样艰苦,他们仍然"热血沸腾","精神抖擞","一刻也不停止执着的追求",要在荒漠上修筑一条通向矿区的铁路。他们顽强,坚定,不达到目的决不罢休,这就是用"执着的"来形容"追求"的含义。

第三节说他们不相信——实质上是反对,反对两类人对祖国的贫困和落后所采取的态度。由于种种原因,咱们错过了建设的时机，所以目前还处在贫困落后的状态。咱们急需向经济发达的国家学习，学习他们的长处，用来建设咱们的社会主义祖国。可是有些人却热衷于效学西方的腐朽生活，认为"疯狂而杂乱的舞步"才是现代文明的标志。还有一些人却成天埋怨，成天发牢骚，他们不懂得埋怨和牢骚只会使人心涣散。筑路工人反对这两种有害的态度。正好跟这两种态度相反，他们喊着号子，扛着枕木，一步一步向前走。"我们走，我们走！"只有这样坚定的步伐，才能踏出文明的音符，才能使风沙嘶吼的荒漠改变面貌，才能赶走暂时还盘踞在祖国大地上的贫困和落后。这就是燃烧在他们心上的念头，他们决不停止他们的执着的追求。

第四节说他们的自豪的心情。"袒露黝黑的胸膛，昂着头——"这是自豪的心情的表露。"正视艰难的跋涉，不怕旁人投来轻蔑的一瞥！"因为他们认定了，自己正在从事的是豪迈的事业。接着用提问的口气和鲜明的比喻来说明他们为什么这样自豪：他们就有骆驼一般的韧劲，他们就像开拓绿洲一个样儿，要在荒漠上一步一步地踏出一条铁路来。

第五节说他们有充分的自信。他们相信自己的肩膀，相信自己的两只手，"只要流汗，只要铺筑，只要奋斗"，他们"播种的爱情就一定能获得丰收"。为什么要把修筑铁路说成"播种爱情"呢？可能是这样，二十世纪五十年代出版过一部小说，叫《我们播种爱情》，写最初开进康藏地区的一支解放军连队，他们严格执行党的民族政策，细致地做好群众工作，使藏族人民和汉族人民逐步建立起深厚的感情。那部小说所说的"播种爱情",指的是建立民族之间的感情。在这首诗里,诗人可能采用了这个新的典故。如果咱们没有猜错,那么铁路通向的矿区,一定在兄弟民族地区;铁路筑成之后,将会使那个地区的经济得到极大的发展,人民的生活得到极大的改善,而最终,必然会极大地增进汉族和兄弟民族之间的感情——"播种的爱情就一定获得丰收"。

结尾是"哼唷!我们走,/哼唷!我们走!"这一支筑路工人的队伍,喊着号子,在荒漠上越走越远,铁路跟着他们一步一步的脚印,一直延伸到天边。

这首诗念起来,听着特别带劲儿,因为"我们走"这句短语一再重复,形成了有力的节奏;还有许多行的末一字跟"走"同韵(包括韵母iu和ou),可是"走""擞""吼""手"念上声,"肉""后""斗"念去声,"头""求"念阳平声,"洲""收"念阴平声,所以押韵并不严格。

陈春琼的《我是支柱》

再遇不到一丝云，
再望不见一颗星，
只有矿灯清澈的光束，
叫我时时看见比夜更黑的煤层。

我沉重，一切沉重的因我的沉重而轻盈，
我寒冷，无限的热能因我的寒冷而诞生；
我为征服者开拓广阔的道路，
我支撑起雄伟的地下长城。

我不是参天的大树，
我是地底下的支柱：
为祖国的繁荣我安于寂寞，
为人类的光明我甘愿献出一生。

《我是支柱》，题目告诉咱们，这首诗通篇是支柱说的话。

这支柱是煤矿矿井里的支柱，它们不会说话。诗人想假如他是支柱，他将会怎样想，将会怎样来表白自己。

支柱本来是参天大树，有的长在原野上，有的长在山冈上；白天，时常有白云拂过它们的梢头，夜晚，它们抬头就能望见满天的繁星。可是现在，它们在矿井里，"再遇不到一丝云，/再望不见一颗星"，宽广的天地，悠闲的生活，全都成为过去了。在矿井里，也看不见灿烂的朝霞，也听不见清脆的鸟声……可写的还有许多许多，诗人只写了两行。有这两行足够了，一则，已经能让咱们由此及彼，联想到许多熟悉的东西都成为过去了。二则，诗人选这两项来写，可能有这样的用意：能遇着云，可见大树长得很高；常仰望星星，可见大树还想往高里长。可是到了这地底深处的矿井里，处境跟以前完全不同了，黑得比没有月亮没有星星的夜晚还要黑。只有矿工常常在它们身边经过，借着矿工戴在头上的那盏矿灯射出来的一束清澈的光，它们才看见了周围的煤层，而这煤层，竟比最黑的夜晚还要黑。

在矿井里，支柱感到沉重，感到寒冷。层层的岩石压在它们身上，它们能不感到沉重吗？阳光永远照不到它们身上，它们能不感到寒冷吗？所以在第二节的第一、第二两行，支柱说"我沉重"，"我寒冷"。可是沉重和寒冷都得到了报偿，千百万倍的报偿。在矿井里挖煤是一桩辛苦而又危险的工作，有支柱顶住了岩层，辛苦的变得轻易多了，危险的变得安全多了，在地底下沉睡了上亿年的煤，源源不断地被开采出去，供给人们无限的热能。"一切沉重的因我的沉重而轻盈","无限的热能因我的寒冷而诞生",支柱站在这样的岗位上,难道还不值得自豪吗?它们为大自然的征服者——采煤的矿工开拓了广阔的道路。它们支撑起沉重的岩层,成为保护矿工安全操作的地下长城。

直到最后一节,支柱才告诉咱们它是谁:"我不是参天的大树,/我是地底下的支柱。"是的,它们是地底下的支柱,不再是参天的大树了。但是它们曾经是生活在自由的天地之间的大树,这也是事实,为什么要这样断然否定呢?答案只能是这样,强调对过去的生活毫不留恋,它们心甘情愿在地底下负起沉重,忍受寒冷。请注意第二行末尾那个冒号,它表示这一节的后边两行是前边两行的补充说明。它们毫不留恋过去,甘愿在矿井里当支柱,为的是祖国的繁荣,为的是把光明带给人类。这光明是广义的光明,热、光、力量、文明、欢乐、幸福,都可以包括在内。怀着这样崇高的目的,所以它们安于寂寞,甘愿在地底下默默地献出它们的一生。

最后,咱们来辨一辨韵。看第一节,第二行的末一字"星",第四行的末一字"层"。看第二节,第一行的末一字"盈",第二行的末一字"生",第四行的末一字"城":这几个字同韵(韵母包括eng和ing),虽然有念阳平声的,有念阴平声的,没有出平声的范围,所以念起来有韵味。看第三节,第一行的末一字"树",第二行的末一字"柱",韵母都是"u",而且都念去声,所以这两行是押韵的,可是不同于前面的韵,这就叫转韵。转韵往往就在意思发生转折的地方，让读者从声调上也感到发生了转折。最后一句的末一字是"生（shēng）"韵，又转回去了，跟第一、第二节相同，使读者从声调上感到完满，而意思到这里也正好结束。这种情趣，要放声念才能体味得到。

刘佑的《妈妈的心》

要上班了,我把孩子锁在家里
锁不住我内疚的心在急剧战栗

孩子很听话,他从门里说
我不哭,妈妈,你放心去

此刻,他睡了呢,还是从窗口向外寻觅
或许暖瓶打碎了,开水流了一地

自行车懂得妈妈的焦急
没到家门,我就掏出钥匙

啊,他伏在桌子上睡着了
滑落了,手中的彩色铅笔

面前摊开了一张白纸

画满了轮船、坦克、飞机

理想伴随着你的孤寂
妈妈明白你的追求和委屈

安心睡吧,继续做你美好的梦
让你的心飞出这狭窄的天地

  爸爸妈妈都上班了,把孩子锁在家里,这样的事儿最平常不过,随处可以看到。这首诗写一位把孩子锁在家里的妈妈的心情:前四节写她才下班,在回家的路上;后四节写她回到家,瞧见自己的宝贝的一刹那。诗人用的第一人称——"我"。在这首诗里,"我"就是这位妈妈。用第一人称有个好处,让所写的人物自己出场来倾诉自己的思想和感情,使咱们念着感到亲切,好像听这位妈妈在跟咱们聊天,说她的心里话。

  咱们先念前四节。第一、第二两节,诗人写"我"在回家的路上,回想起上班的时候,把孩子锁在家里的情景。"咔嚓"一声,锁捺上了,孩子就只好安静地待在这个寂寞的小天地里。锁是捺上了,却锁不住妈妈的充满内疚的心。妈妈的心没法安静下来,它在战栗,在发抖。孩子反倒安慰妈妈,隔着门说他一定不哭,好让妈妈放心去上班。他一个人待在家里,被关了半天了,冷冷清清的。这时候可能睡着了,也可能正趴在窗口上张望,盼着妈妈快点儿回家；或者闯了什么祸，譬如把暖瓶给打碎了，多可怕呀！离家越近，妈妈越发不安了。自行车怎么会体会做妈妈的心情呢？分明是妈妈心里着急，两条腿蹬得越来越快了。她还没走到自家门口，就掏出了开锁的钥匙。她的宝贝到底怎样了呢？念到这儿，咱们也着急了，替这位妈妈着急。

幸亏什么事儿也没有发生，孩子伏在桌子上睡着了。他方才画什么来着，手中的彩色铅笔滚落在一旁。看了摊开在他面前的那张白纸，妈妈明白了，原来他的理想并没有被锁住，而是伴随他渡过了寂寞，带着他在海洋、大地、天空任意驰骋。孩子把他追求的一切表现在自己的画上了，妈妈看着却代她的宝贝感到委屈。她祝福她的宝贝，安心地睡吧，让他继续做他的美好的梦！飞出这狭窄的天地。

让孩子"飞出这狭窄的天地"，这句话说得多好呀！不应该把孩子这样锁起来，咱们要办许许多多的托儿所，许许多多的幼儿园，许许多多的儿童乐园，让所有的孩子的身和心，都能在广阔的天地里自由地驰骋，也让所有的爸爸和妈妈都能放心上班，用不着再惦记锁在家里的宝贝，好全心全意地扑在工作上，事业上。推广开去，孩子们在逐渐成长的过程中，任何一个阶段都不应该被锁住。尤其得注意，不要用种种无形的锁把孩子锁在一个狭窄的天地里，而是应该让他们尽量发挥他们的理想和能力，去追求世界上一切最最美好的东西。

咱们没有见过这位诗人，甚至是男是女，咱们也不知道。

很可能就是一位在上班前把孩子锁在家里的妈妈，就是诗中的"我"，那就难怪她能把妈妈的心情写得如此真切；也可能不是一位妈妈，而是一位爸爸，一位爷爷，一位奶奶，还可能他并没有儿女，甚至还没结婚。不管实际情况怎样，都不妨碍他写出这样一首好诗来。凭着诗人的敏锐的观察力和真诚的体贴别人的心，他就能把这样一位妈妈的心情揣摩得非常之细，而且刻画得非常之深。

于沙的《假话》

因为我曾经说过假话，
一见了乌鸦我就害怕，
它从不说自己就是孔雀，
黑色的衣裳不缀一朵小花。

因为我曾经说过假话，
一见了石头我就害怕，
看，它总是袒露着胸怀，
从不说庄稼是它养大。

因为我曾经说过假话，
甚至见了自己的孩子也怕，
他肚子饿了，就哭，就闹，
还说，我喜欢爸爸，更喜欢妈妈。

对待成绩，我用的乘法，

> 对待错误，我用的减法，
> 在老实的试卷上我得了零分，
> 我比不上孩子，石头，乌鸦。

　　说假话就是不诚实。诗人的心应该都是诚实的。在他们的诗里，他们总是把他们的感受如实地向读者倾诉。咱们相信，写这首《假话》的诗人不可能例外。他只是设想，如果他说了假话，他将会怎样。这样说来，把这首诗前三节开头的那个"因为"，都换成"要是""如果"这一类表示假设的词儿，不是满可以吗？诗人为什么不这样做呢？咱们知道，那些专说假话的人最怕的最恨的，就是旁人说他们说假话。既然这样，诗人直截了当，把那个说假话的人就说成他自己。那些专说假话的人看了这首诗，也许不怎么反感，或者感到点儿羞愧，对自己的言行不相一致稍稍做点儿反省，那不是更好吗？咱们虽然是猜测，想的大致差不离，因为这种办法，诗人是经常采用的，尤其在写这一类讽刺诗的时候。

　　在这首诗的第一节里，诗人说，专说假话的人应该见了乌鸦也害怕。乌鸦从来不说自己是美丽的孔雀，虽然人人嫌它黑，它却毫不掩饰它长着的一身黑羽毛，连一朵小花，它也不屑于戴。在第二节里，诗人说，专说假话的人应该见了石头也害怕。石头总是赤裸裸地，一无遮盖地把自己暴露在人们面前；它什么话也不说，当然不会把庄稼生长说成是它的功劳。

在第三节里，诗人说，专说假话的人甚至见了自己的孩子也害怕。孩子不会说假话，心里怎么想，嘴上就怎么说，孩子心里更喜欢妈妈，绝不会为了讨爸爸高兴，当着爸爸的面就改口说他更喜欢爸爸。那些专说假话的人，对待自己的成绩总是用乘法，翻上几番，尽量夸大；对待自己的缺点总是用减法，少说一点儿好一点儿，最好全部抹掉。他们这样地不老实，不要说跟天真的孩子相比了，连石头，连乌鸦，他们也比不上。但是咱们跟诗人一样，还是希望他们能知道羞愧，能改变他们那种言行不一的为人处世的态度。

　　这首诗念着很顺口。咱们先看各节的第一、第二两行的末一个字：前头三节都是"话（huà）"和"怕（pà）"，都押韵，第四节两个都是"法（fǎ）"，当然押韵。再看各节第四行的末一个字：第二节是"大（dà）"，跟第一、第二两行押韵；其余三节的"花（huā）""妈（mā）""鸦（yā）"都是阴平声，严格地说跟第一、第二两行不能押韵。平声字念起来比仄声字拖得长一点儿，放在一节的末尾，听着却另有一种风味。

刘征的《烤天鹅的故事》

一阵阵馋人的香味透出厨房，
热烘烘的烤炉里正在吱吱作响。
"大嫂，在烤什么山珍海味？"
窗外的田鼠对窗里的蛤蟆大声叫嚷。

"他大哥，不是鸡雏也不是麻雀，
是一只仙鸟，羽毛跟白雪一样。"
"怎么，弄到了一只天鹅吗？
你真有通天的本事，不比寻常。"

田鼠的话蛤蟆打心眼儿里爱听，
她打开话匣子拉起了家常：
"看你说的，我也没什么本事。
事在人为嘛，还不是靠朋友帮忙。

"你知道，池塘管理员鹭鸶爱吃鱼，

我送了几条上好的鲤鱼请他品尝。
一来二去,我们成了过得着的朋友,
经他介绍,我跟飞禽界有了来往。

"由鹭鸶我结识了鼎鼎大名的仙鹤,
由仙鹤又结识了老雕,那山林之王。
后来,我跟雕夫人拜了干姐妹,
她爱吃螃蟹,我送去了一大筐。

"雕夫人陪我走进她家的餐厅,
我第一次吃到天鹅肉,又嫩又香。
我请求她帮我弄一只天鹅,
没过几天,她就满足了我的希望。"

"这下子,你全家可以饱餐一顿,
也许我也能分一碗美味的鹅汤。"
"不行!不瞒您说,他大哥!
这稀罕物儿我早已安排了用场。

"我打算请喜鹊先生来吃个便饭,
他才真正通天,能见到织女牛郎。
如果他肯赏脸来尝尝天鹅的味道,

通过他，就不难弄到天上的凤凰。"

* * *

且住！我这该死的笔胡诌些什么？
蛤蟆能吃到天鹅肉，岂不荒唐！
但"关系"是笑眯眯的特殊许可证，
不久，凤凰就会放进蛤蟆的烤箱。

有句谚语，说"癞蛤蟆想吃天鹅肉"。天鹅在天上飞，癞蛤蟆只会在地上爬，想吃天鹅肉，没门。你看，癞蛤蟆老抬着头，瞪着两只大眼睛望着天空。可是在这首寓言诗里，蛤蟆太太竟然把天鹅放进了她的烤箱，岂止天鹅，连谁也不曾见过的凤凰，她也能弄到手。她哪来的这么大的本事？原来她有特殊的"许可证"，带着笑的，"笑眯眯的特殊许可证"——这就是所谓的"关系"。近几年来，咱们常常听到这样的说教："要懂得点儿关系学"，"要照顾好关系户"，"不搞点儿关系，你就寸步难行"。诗人所说的那种"笑眯眯的特殊许可证，"就指那种特殊的"关系"。那种特殊的"关系"到底包含着什么意义，在咱们的辞典上是永远找不着的。

诗人在这首诗里，把蛤蟆太太的心理描摹得很深刻，很细致。看第二节，蛤蟆太太一出场就来了劲儿，那是让邻居田鼠先生给逗的。田鼠先生可真是个妙人儿，他不简简单单地问她"烤的什么",而偏要问:"烤什么山珍海味?"不用上"山珍海味"这个词儿,就不足以表现他那好奇和羡慕的心理。能让人羡慕还不值得骄傲吗?蛤蟆太太听着特别舒服,所以亲亲热热地唤了他一声"他大哥"。她不直截了当回答,却说什么不是这也不是那,还出了个谜让田鼠自己去破。她兜这么个小圈子,为后边炫耀自己的能耐揭开了序幕。田鼠本来是个鬼精灵,当然一猜就着。他惊诧地用提问的口气说出了谜底,不等蛤蟆太太点头就夸奖她有不寻常的通天的本事。田鼠巧妙地当面奉承,蛤蟆太太"打心眼儿里爱听",可是面子上还半推半就,假惺惺地回答说:"看你说的,我也没什么本事。/事在人为嘛,还不是靠朋友帮忙。"看,"事在人为","靠朋友帮忙",这两句话多么冠冕堂皇,却是"关系学"的纲领,那些"搞关系"的专家不但把这两句话经常挂在嘴上,而且确确实实,他们就是这么干的。

  从第四节起,蛤蟆太太就尽量炫耀自己的本事:她坚持"事在人为"的信念,怎样想方设法,织成了一张"关系网",博得了众多"朋友"的"帮忙"。送礼,请吃饭,称兄道弟认干亲,这些都是尽人皆知的"搞关系"专家的伎俩。可是很不简单,看这位蛤蟆太太,她打进"飞禽界",缺口找得多准。让鹭鸶当池塘管理员本来是桩笑话,谁不知道吃鱼是他的特殊癖好。蛤蟆太太就抓住这个空子打他的主意,用几条鲤鱼就把他给俘虏了,尽管鹭鸶有公职在身,但一来二去,也就成了蛤蟆太太的"过得着的朋友"。蛤蟆太太交朋友都是经过精心选择的:跟鹭鸶结交,为了打进"飞禽界";跟仙鹤结交,因为仙鹤"大名鼎鼎",借他的名声可以提高自己的身份;而有了身份,她才有机会和可能去拜见那掌握实权的老雕。老雕是山林大王,得维护他那神圣的威严,跟他随便提要求不十分相当,很可能碰上一鼻子灰。蛤蟆太太走的内线,她专在雕夫人的身上下功夫。老天不负有心人,果真让她"弄"到了一只天鹅,"满足"了她的"希望"——这个她祖祖辈辈都没能"满足"的"希望"。

咱们真得佩服蟆蛤太太的这一套本事,她有计划,有步骤,每走一步都为走下一步打下了基础,一步也不落空。像她这样精明的人,哪儿肯白花本钱呢?田鼠却不太知趣,可能那一阵阵香味直扑他的鼻子,使他无法抵御那馋人的诱惑,他竟然老着脸皮要讨一碗美味的汤喝,话可仍旧说得很婉转。蛤蟆太太可不含糊,立即把他回绝了。她说"这稀罕物儿",她早已派定了"用场",要请真能通天的喜鹊"吃个便饭"。每年七夕,织女跟牛郎在银河上相会,喜鹊得上天去给他们俩搭桥,所以"通过他,就不难弄到天上的凤凰"。看她说得多么自信,没有十二分的把握,她是绝不会把私底下的打算向邻居田鼠这样和盘托出的。

诗人写到这儿,突然对自己大喝一声:"且住!"他说他写了一派胡言——癞蛤蟆竟能吃到天鹅肉,世界上哪儿会有这样荒唐的事儿。可是紧接着他又说,别小看了那"笑眯眯的特殊许可证",凭着那种所谓的"关系",蛤蟆太太不久,也就是说,她用不着再花多大的力气,就能把凤凰放进她的烤箱了。可怕就可怕在这一类荒唐透顶的事儿竟会成为现实，而诗人所以担忧，正因为他时常听到这一类荒唐透顶的传说，尽管他不相信，却的的确确实有其事。在这首寓言诗里，诗人让吃到了天鹅肉的蛤蟆太太来现身说法，把那些"搞关系"专家的所作所为，所思所想，赤裸裸地暴露在读者面前，让咱们读了，对那些八面玲珑的家伙从内心感到厌恶，从而提高警惕，杜绝那"笑眯眯的特殊许可证"的流通渠道，不许那些家伙再悄悄地进行偷盗，悄悄地损害国家的利益和人民大众的利益。

　　这首诗是押韵的，可是押得不很严格。一开头就起了韵，第一节第一行末一字的韵母是"ang"，从第一节到末一节，各节的第二行和第四行，末一字的韵母都是"ang"，可是有的该念阴平，有的该念阳平，有的该念上声，有的该念去声，所以说押韵不很严格。虽然这样，咱们念着，听起来还比较顺耳。

陈文和的《小岛》

在偌大的地图上,
无法将你寻找;
在汹涌的大海中,
也无法看清你的面貌;
仿佛只有一个光点,
在浪尖上跳!
一片轻飘飘的陆地,
似一根羽毛!
像要乘风飞去,
像要被浪挟跑。
战士却用忠诚的线,
把你拴得牢牢!
祖国项链上的珠子,
一颗也不能掉。

这首诗写一个小岛。诗人只说这个小岛"在汹涌的大海中",没有说它究竟在哪里——在南海,在东海,还是在黄海。在我国的领海中,这样的小岛非常多非常多,大多处于海防前线,南海有,东海有,黄海也有。在这首诗里,诗人亲昵地把小岛称作"你"。既然称作"你",显然只写某一个小岛。最后他说,这个小岛是"祖国项链上的珠子",许许多多珠子穿成一串,才能成为一条项链,这等于告诉咱们,这样的小岛绝非一个,而有许许多多。在一条项链上,咱们看了一颗珠子就可以知道其他,因为所有的珠子有相同的特点。同样的道理,这首诗写的虽然只是一个小岛,描绘的却是无数小岛的共有的特点。所以这个小岛到底在南海中,在东海中,还是在黄海中,在这诗里无关紧要,诗人没有明白交代,原因也许就在于此。

小岛实在太小,在缩尺比例较小的地图上也没法把它画出来。两张地图如果反映的面积相同,缩尺比例越小,实际表示的范围一定越大。"偌大"是旧小说和旧戏曲里的词儿,现代的文学作品中间或还有用的,意思就是"如此之大"。在如此之大的地图上找不到这个小岛,在波涛汹涌的大海上也看不清这个小岛,只看见一个小小的光点,仿佛在浪尖上跳跃。小小的光点能有多大的分量呢?它轻飘飘的像根羽毛,一阵风,就可能把它吹走,一个浪,就可能把它卷跑。可是不用担心,有咱们的海防战士在。海防战士用他们对祖国的忠诚,把一个个小岛都拴得牢牢的,任凭风怎样猛,浪怎样高,小岛也不可能发出半点儿动摇。海防战士会用鲜血和生命来保卫它们,战胜任何狂风巨浪。

把小岛称作"祖国项链上的珠子"，斩钉截铁地说"一颗也不能掉"，表现了海防战士的忠诚和决心。前头的比喻——像在浪尖上跳跃的光点，像要乘风飞去的羽毛，都又鲜明，又活泼，咱们念着，好像在大海的上空飞翔，俯瞰着万顷波涛，终于找着了这个在地图上也找不着的小岛，心中充满了喜悦。

这首诗的双数行的末一字，"找""貌""跳""毛""跑""牢""掉"都同韵（韵母包括ao和iao），声调很活泼，前三个是仄声，跟着三个平声，最后一个又是仄声，做结尾比较有力，念得好，听起来颇有节奏。不知道诗人是不是有意做这样的安排的。

元辉的《伏击》

把歌声留在哨所,
把笑声留在哨所,
告别木鼓,告别铜锣,
我们要去过伏击生活。

把火柴留在哨所,
把手电留在哨所,
告别灯烛,告别篝火,
我们要去过伏击生活。

快走!快走!快走!
趁着这浓密的夜幕。
穿过翁龙山,
来到南卡河。

此刻呀,我们的动作只有一个:

把身子化入岩石,化入草木,
仿佛在地面上,
根本就没有我。

想抽烟,嚼嚼槟榔果,
想咳嗽,对着湿手帕,
十天,二十天,一百天……
就这样在丛莽中度过。

寂寞吗?
不寂寞。
趴下来,在地上贴上一只耳朵,
你听!祖国大地上那沸腾的生活!

晚会上的音乐,工地上的灯火,
城乡大道上的马龙车河,
条条战线上的高奏的凯歌,
此刻呀,一齐汇聚到战士的心窝。

于是,你该懂得了:为什么,
此刻我们把歌舞欢笑一齐"加锁",
可丝毫不感到生活寂寞——

当呼啸的子弹射向偷袭者，

听吧，那胜利的歌声将奔放出百倍的欢乐！

"伏击"指的是伏击偷越国境的入侵者。翁龙山和南卡河在我国西南边境，这首诗写的在那一带保卫国土的我边防战士的生活，题目下面本来有诗人做的一条注："伏击分队要求做到五无：无声，无光，无烟，无痕迹，无目标。"要求如此严格，就为了不让敌人发觉咱们有无数双眼睛，无时无刻不在密切地监视着他们。要是他们胆敢偷偷地越过国境线，破坏咱们的和平建设，那就听着吧，呼啸的子弹就是咱们的胜利的欢歌。

这首诗一共八节，每节四行。第一、第二两节写伏击分队出发的情景，写那个紧张而激动的时刻。战士们的生活就要完全变样了。在哨所里，大家对着灯烛，围着篝火，可以唱，可以笑，可以击鼓奏乐，可是现在，他们就要离开哨所去执行伏击任务了，乐器当然不能带，连歌声笑声，也只得暂时留在哨所里，还不能露出一星半点儿光，冒起一丝半缕儿烟，甭说灯烛和篝火，连手电、火柴都得全部留下。咱们念了这两节，好像看见战士们已经在哨所前面整好队，队长在对他们做出发前的最后叮咛，队员们在互相检查身上携带的物品。咱们似乎能听到他们的心声："再见吧，可爱的哨所，我们留下了声音，留下了光亮，我们要去过伏击生活了！"

第三节写分队去伏击点的路上："快走！快走！快走！"

每个战士在心里催促着自己,催促着自己的战友。趁着浓密的夜幕,穿过草木葱郁的山径,他们来到了河边。"此刻呀,我们的动作只有一个",每个人找一个最好的隐蔽点,把自己的身子"化入岩石,化入草木"。为了伏击偷越国境的狡猾的敌人,他们必须隐蔽得如此干净,如此彻底,好像地面上"根本就没有我"。"五无"原来那么难,要求那么严,咱们念到这儿稍停一下,回味一会儿,仔细揣摩一会儿,就会有更深的体会。

身子已经"化入岩石,化入草木",抽烟当然不行,身边连盒火柴也没有,这个习惯只好克服。喉咙痒痒,快拿湿手帕捂住嘴,免得咳出声来。谁也说不准敌人的猪嘴会在什么时候从什么地方拱进咱们的篱笆来!咱们的战士一点儿松弛不得,得时刻保持警惕,耐心地严密地监视着边境,不放过任何一点儿细微的动静——任何可疑的影子和声响。这样一天又一天,十天,二十天,一百天……歌声笑声有多么欢乐呀,都被留在哨所里了。但是他们并不寂寞,他们都知道他们是在保卫亲爱的祖国,保卫祖国大地上的沸腾的生活。这才是他们的伏击生活的目的,才是他们肩负的重任的归宿,对他们说来,一件一件都如此具体而又如此亲切,只要把耳朵贴在地面上就能听到,"晚会上的音乐,工地上的灯火,/……/条条战线上的高奏的凯歌","此刻"——在丛莽中、在夜幕中伏击的"此刻","一齐汇聚到战士的心窝"。

在第八节,也就是结尾的一节,诗人对咱们说:"你该懂得了：为什么，/此刻我们把歌舞欢笑一齐'加锁'，/可丝毫不感到生活寂寞……"是的，咱们念到这儿已经完全懂得了"五无"的意义和"加锁"的代价，懂得了边防战士的胸怀和感情。咱们决不能忘记，也决不会忘记，是谁在时刻警惕地保卫着咱们的沸腾的生活，保卫着咱们的祖国前进的步伐。不管咱们在哪一条战线上，咱们都会跟伏击分队的战士一样，当听到"呼啸的子弹射向偷袭者"的时候，分享"那胜利的歌声"，"奔放出百倍的欢乐"！

这首诗的大多数行的末一字是同韵的（韵母包括o和uo），念上声的有"所""火""我""果""朵""锁"，念阳平声的有"锣""活"，念阴平声的有"窝"，念去声的有"过""寞"，所以押韵而并不严格。但是有些该押韵的行，末一字的韵母并不是"o"或"uo"，如"幕（mù）""木（mù）"，"河（hé）""个（gè）""歌"（gē）""么（me）""乐（lè）"，还有"帕（pà）"。很可能诗人用他家乡的口音念，这些字也跟前面的字同韵。

邓海南的《这是烈士鲜血浸透的土地》

这,就是烈士鲜血浸透的土地吗?
对,这就是烈士鲜血浸透的土地!
三十年前,我们就是在这里和敌人大战,
就是在这块土地上,呼啸着冲击!
多少战友,在炮火弹雨中倒下了,
从此,就再也没有站起;
这块土地太贫瘠了,需要滋养,
于是,他们慷慨地献出了全部血滴。

如今,我怀着深深的感情重来看你,
见了面,却感到非常的意外、惊奇:
不是因为你变化太大,我认不出了,
而是你还太多地保留着过去的痕迹!
我看见当年的孩子已长成壮年,
你却仍是那简陋的农舍、陈旧的土壁;
我想象你该完全是一副崭新的模样,

但，你变得太慢，太慢，慢得不合情理！

我怀着颗阵阵作痛的心，
低头走过战友的墓地，
我知道，烈士们并未长眠啊！
面对这现实，他们怎能安息！
在他们牺牲前那美好的憧憬中，
这里早该是一片锦绣天地……
但，你依旧穷困、落后、贫瘠，
似乎没有洒过他们滚烫的血滴。

惭愧呀，我如打不垮敌人一样惭愧！
焦急呀，我像攻不下堡垒一样焦急！
为什么，当年战场上我们所向无敌，
如今改造山河却这样无力？
不，是那些中华民族的千古罪人，
耽误了我们十几年的大好战机；
现在，让我们一切都重新开始吧，
打一场更大的淮海战役！

我相信，这块土地的面貌一定会改变，
因为，它浸透着烈士那英雄的血滴！

这首诗写一位老战士的心里话。他参加过淮海战役,隔了三十年,又回到淮海——他打过仗的这片土地上,激动的心怎么也平静不下来。淮海大战是一九四八年十一月初打响的,才两个月零几天,解放军在这片宽广的土地上消灭了五十几万敌军,把先头部队推进到长江北岸。又经过三个多月的休整和训练,解放军就横渡长江,一举占领南京,摧毁了国民党二十多年的反动统治。淮海战役以后的三十年就是一九七九年,"四人帮"被粉碎已经两年多,中国共产党的十一届三中全会才开过不久,全国已经开始拨乱反正,各条战线都在开创建设社会主义现代化的新局面。正在这个时候,老战士回到了淮海——他曾经打过仗的地方。他非常吃惊,时间已经向前推移了三十年,当年的孩子早就自己有了孩子,可是他们还住在简陋的土壁围成的农舍里。他感到悲痛,感到惭愧,感到焦急。他想,他必须跟大家一起,从头开始,彻底改变眼前的穷困、落后、贫瘠。这是一场新的战斗,他认为,这是一场规模更加雄伟的"淮海战役"。

诗的开头是老战士自问自答。眼前的景物使他怀疑,他不敢相信这里是浸透了烈士的鲜血的土地,所以他要这样问;但是他无法做否定的回答,当年的仗就在这里打的,一切景物跟留在他记忆中的完全吻合。问,问得痛心,而回答,回答得更加痛心。答话跟问话的词儿几乎完全一样,感情却更深一层。咱们念的时候不但要分清一问一答的口气,还要分清感情的层次。时间过去了,景物却依旧,教老战士不能不回想起当年的战斗。三十年前,就在这片宽广的土地上,"我们"——参加战役的全体战士,冒着密集的炮火,冒着雨点般的子弹,大声呼啸着,向敌人发动了一次又一次的冲击。不知多少战友倒下了,从此没有站起来。这块土地太贫瘠了,迫切需要滋养。老战士想,那些倒下的战友献出了他们的全部鲜血,就为了滋养这块贫瘠的土地。

第二节不同于第一节,所有的话都是老战士跟淮海这片土地说的。"我怀着深深的感情重来看你",这个"你"就是淮海这片土地。老战士对这片土地说:"咱们俩一别三十年,我老惦记着你。我的战友用鲜血滋养了你。我想你应该早就变了,变得崭新得教我认不出来了,所以非来看看你不可。可是见了面,我感到非常意外,意外得使我惊奇。过去的痕迹还到处保留着,简陋的农舍,陈旧的土壁,太多地保留着——这穷困、落后、贫瘠的痕迹。你变得太慢了,慢得不合情理。"整个第二节,老战士跟淮海这片土地"你""我"相称,好像见了久别重逢的老朋友似的,絮絮叨叨说个没有完。他毫不掩饰他的感受和心情——失望、惋惜,甚至抱怨。

既然来到了淮海这片旧时的战场,老战士怎么能不到烈士的墓地上去凭吊一番呢?他要跟战友们说上几句话,几句足以使他们感到快慰的话,就像他们还活着一个样。可是面对着这样的现实——依旧贫困,依旧落后,依旧贫瘠,他的心阵阵作痛,一句话也说不出来。他低着头在战友的墓地前走过。他想,烈士们如果死后有知,他们会跟他一样,心情无法平静。他们怎么能安息呢？怎么能闭上眼睛长眠呢？在牺牲前的一刹那，他们心里想的就是赶快把这片土地解放出来，从几千年的剥削和压迫下解放出来，等战争一结束，马上建设社会主义，把贫瘠的淮海地区建设成锦绣天地。怀着这样美好的憧憬，他们冒着密集的炮火和雨点般的子弹，冲向敌人的阵地。可是你呀，老战士又埋怨起这片土地来，"你依旧穷困，落后，贫瘠"，好像我的战友的鲜血，他们的滚烫的鲜血，不曾洒在你的身上。这句话实质上是责备，只是口气比较委婉而已。他责备这片贫瘠的土地白白地耗费了他的战友的滚烫的鲜血。

可是土地有什么可责备的呢？老战士感到惭愧，感到焦急。回想在过去的战争年代里，为了一时打不垮敌人，他曾经这样惭愧过；为了一时攻不下敌人的堡垒，他曾经这样焦急过。可是堡垒，终究一个一个地都攻下来了；敌人，终究让他们给彻底打垮了。当年所向无敌的战士，如今改造山河，改造这片穷困、落后、贫瘠的土地，为什么会这样软弱无力？不，他不能相信，也决不承认。那么原因到底是什么呢？是那些中华民族的千古罪人，那些唱着"左"倾高调的反革命，耽误了我们十几年，耽误了我们搞建设的大好时机。我们应当吸取教训，马上重新开始，打一场规模更加宏伟的新的"淮海战役"，像当年彻底消灭敌人一样，彻底消灭仍然盘踞在这片土地上的贫困、落后、贫瘠。

老战士相信，这一场新的"淮海战役"是必胜无疑的，这片宽广的土地一定会迅速改变面貌，生活在这片土地上的人民一定会很快就过上好日子。因为大家都不曾忘记，这片土地浸透了英雄的鲜血；大家都不曾忘记，烈士当年是怀着怎样美好的憧憬，倒在这片土地上的。

这首诗所有的双数行（各节的第二、第四、第六、第八行）和少数单数行（第三节的第七行，第四节的第三行），末一字的韵母都是"i"，但是声调不一致，有念阴平的，念阳平的，也有念上声的，念去声的，所以押韵并不严格。韵母是"i"的字如果是仄声，念起来有迫促的压抑的感觉；如果是平声，声调也念不响亮，比较低沉，正好跟这首诗的情调相符合。

刘倩倩的《你别问这是为了什么》

妈妈给我两个蛋糕,
我悄悄地留下了一个。
你别问,这是为了什么?

爸爸给我穿上棉衣,
我一定不把它弄破。
你别问,这是为了什么?

哥哥给我一盒歌片,
我选出了最美丽的一页。
你别问,这是为了什么?

晚上,我把它们放在床头边。
让梦儿赶快飞出我的被窝。
你别问,这是为了什么?

我要把蛋糕送给她吃,
把棉衣给她去挡风雪,
在一块儿唱那最美丽的歌。

你想知道她是谁吗?
请你问一问安徒生爷爷——
她就是卖火柴的那位小姐姐。

这是为了什么?念完这首诗,咱们当然全明白了。写这首诗的是一位小诗人,当时还是小学生。你看她想得多周到呀,妈妈给她两块蛋糕,她留下一块;爸爸给她穿上棉衣,她经心着穿。为的把自己的饱、自己的暖,分一半给那位挨饿受冻的卖火柴的小姐姐。吃饱穿暖还不够,都是孩子嘛,还应该得到快乐。她从哥哥给她的那盒歌片中选出了最美丽的一页。这一页美丽的歌片,一定非常好看,唱起来又非常好听。等那位挨饿受冻的小姐姐吃饱了,暖和过来了,两个人搂在一起,看着这一页美丽的歌片,一同唱起最美丽的歌儿来。那个快乐,恐怕只有安徒生爷爷才能形容。

卖火柴的小姐姐在哪儿呢?在安徒生爷爷写的童话里,要找着她除非在梦里。晚上,小诗人把蛋糕、棉衣、歌片都放在床头边,让梦儿带着她飞出被窝,她挟起准备着的好东西,从亚洲的东头飞到欧洲的西头,去到北海岸边的那个小城,借着雪光，找到那位躲在墙角里的小姐姐，她跟小姐姐分享饱暖，分享快乐，分享妈妈爸爸哥哥，还有一家人对她的爱抚。

"你别问，这是为了什么？"念到这一句，咱们得注意这个问号，"这是为了什么？"是别人问小诗人，咱们应该用提问的口气来念。小诗人为什么不让人问呢？因为这是个秘密，三两句话说不清楚。她读了安徒生爷爷的那篇童话，总也忘不了那位卖火柴的小姐姐：圣诞节晚上，雪不停地下着，各家各户灯火通明，充满着欢乐，小姐姐却又冻又饿，独自在街头徘徊，没有人买她的火柴。在这个世界上，她再也找不到关心她的人了，唯一疼爱她的老奶奶已经去世，只能出现在她的幻觉里。靠着那火柴的微弱的光亮，她恳求奶奶带着她离开这个冰冷的世界，一同去到那个根本不存在的天堂……读到这儿，小诗人一定忍不住流泪了。可是流泪管什么用呢？她想呀想呀，终于想出了这么个好办法，还想得十分周到，十分妥帖。她暂时不愿意泄露这个秘密，谁想知道，先得读一读安徒生爷爷写的那篇童话。在这首诗结尾的那一节，小诗人就是这样说的。

安徒生爷爷写的《卖火柴的小女孩》不知感动了多少人——有悲伤的，有同情的，有着急的，有愤慨的。诗人柯岩也写过一首小诗，题目叫《看望》。她要闯进童话，去看望那位卖火柴的小女孩。

小鹿呀，你快跑

请你们千万快跑

卖火柴的小女孩

她的火柴,快要燃尽了

我们的雪橇里

带着她想要的火炉、面包

烤鹅,还有奶奶那

厚厚的大皮袄……

哦,小鹿,你快快跑呀

求求你们,快快地跑

可千万别让,别让——

她的火柴燃尽了……

  诗人闯进童话,乘的小鹿拉的雪橇。欧洲古老的民间传说中,有个穿着大红皮袄的白胡子老公公,他带着个大口袋,口袋里装满了礼物,有吃的,有玩儿的,全是孩子们最喜欢的最想得到的好东西。到了圣诞节晚上,老公公乘着小鹿拉的雪橇,挨家挨户,把礼物分给所有的孩子。可是就在这个圣诞节晚上,卖火柴的小女孩又冷又饿,她什么也没有得到。老公公怎么单把她给忘了呢?诗人于是替代了那个老眼昏花的老公公,跟所有怀着同情的人一同坐上老公公的雪橇,去看望那个躲在积雪的墙角里的卖火柴的小女孩。雪橇上带着小女孩急切希望得到的一切东西："火炉、面包/烤鹅,还有奶奶那/厚厚的大皮袄……"

诗人不断地催拉雪橇的小鹿快快地跑。开头她说,"小鹿呀,你快跑/请你们千万快跑",后来又说,"小鹿,你快快跑呀/求求你们,快快地跑"。一个"快"变成了两个,先是"请",后来是"求求",咱们念着,跟诗人一样,心里也越来越着急。干吗着急呢?因为小女孩手里的火柴"快要燃尽了"。安徒生爷爷是这么写的:卖火柴的小女孩划燃火柴,从那微弱的光亮里,她看到了她希望得到的东西。但是火柴能烧多久呢,一会儿就燃尽了——光亮一熄灭,快要到手的东西就消失了,消失得无影无踪。时间这样短暂,叫诗人怎么能不着急呢?她不得不不停地叮咛小鹿"千万快跑","快快地跑","千万别让,别让——/她的火柴燃尽了……"这后一句,她着急得气都喘不过来了。

柯岩的这首诗,"了"作为语气词,用在一句话的末了,在口语中念作"le",在诗歌和戏曲中习惯地念作"liǎo";所以可以跟"跑(pǎo)"和"袄(ǎo)"押韵。"包(bāo)"不是上声,而是阴平声,因为韵母是"ao",也可以算跟"跑"和"袄"押韵。这首小诗因为押了韵,咱们念起来觉着比小诗人写的那一首顺口。

张丽萍的《老校长》

山里的秋霜

凝在你头顶了

你把几千个日日夜夜

奉献给了你的学校

你是虔诚的

尽管你不是求佛的香客

而学校早不是当年的庙宇

雁来了几批

雁过了几批

你倒像铺路石上的篆刻

死心塌地留在了这里

留在这里

跟水碾旁苦涩的歌做伴

跟土房里期待的心做伴

跟每一双从牛蹄窝、稻草堆走来的脚印做伴

你和山里的希望在一起
你和山里的未来在一起

由于你和你的诚意
有一天，那么一个明丽的早晨
山村会抖落她的贫穷愚昧
露出她新娘般的辉煌艳丽

《老校长》是组诗《山村学校》中的一首。在偏僻的山村里，这样的学校多的是，设在小庙或者祠堂里，可能只有一位校长，如果还有别的老师，也不过两位三位。到过山村的人都能想象出它的规模。

诗人写这首诗，是为了赞颂一位坚持在山村办学校的老校长。她的话都是对老校长说的，诗中的"你"就是老校长。如果当着一个人的面，尽说"你"如何了不起，如何不得了，不但受赞颂的人会坐立不安，咱们在一旁听着，也会周身起鸡皮疙瘩。这首诗却不是那样，诗人用朴实的语句造成一些意境，让咱们设身处地去体会，去设想。体会和设想的结果，咱们会觉得这位老校长着实可敬，应该受到赞颂。咱们好像见到了这位山村学校的老校长，愿意跟诗人一起，向他致以亲切的慰问。

第一节的四行，等于对老校长说："这么多年来，你辛苦了。"头顶凝着秋霜——头发花白了，人老了。这秋霜是"山里的秋霜"，可见他进山的时候年纪还轻，头发还是乌黑的，辛劳的教育工作和艰苦的山村生活把人磨老了。老校长把"几千个日日夜夜"奉献给了学校。一年三百六十五天，"几千个日日夜夜"，总在十年以上，可能已经二十多年了，要不，怎么会把头发都熬成花白了呢？不说"天"而说"日日夜夜"，是因为老校长为了山村的教育事业，无时无刻不在操心，把他的光阴，把他的精力，全都"奉献给了你的学校"。"你的学校"，在这个场合应该这样说，因为对老校长来说，这所山村学校是他的终身事业，是他的全部生命。

　　老校长初到山村的时候，学校是一座破庙。他长途跋涉，不是来进香拜佛的，可是也怀着一颗虔诚的心——要让山村里的孩子都享受到受教育的权利。经过他二十多年的苦心经营，学校早已不是原来的破庙了，他的初衷，他的虔诚，并没有丝毫改变。"雁来了几批/雁过了几批"，大雁每年南来北往迁徙一回；这两行诗可能只暗示时间的流逝；但是也有另一种可能，诗人把大雁比作那些过不惯山村生活的年轻教师，他们来了不久就走了，一批又一批的，像偶尔落下来歇一歇力的大雁一个样儿。老校长却一直留在这里，"死心塌地留在了这里"，像"铺路石上的篆刻"。诗人用镂刻在铺路石上的花纹和文字来比喻老校长的不可改变的决心，他就像铺路的石板，甘愿让山村的孩子在他的身上踩过，去敲开那智慧之宫的大门。

　　第三节写的老校长留在山村里这许多年来的生活。他"跟水碾旁苦涩的歌做伴/跟土房里期待的心做伴"。水碾咿咿轧轧，单调而缓慢，声音又苦又涩。合着那苦涩的节拍，老乡们唱着自己编的歌，诉说还没有摆脱的贫困，诉说对新生活的期望。老校长的思想感情早就跟"水碾旁苦涩的歌""土房里期待的心"融合成一片了。他"跟每一双从牛蹄窝、稻草堆走来的脚印做伴"，他整天和孩子们在一起，因为山里的希望和未来，就寄托在这些孩子身上。他启发他们学习知识和技能，用自己的言行去影响他们，让他们的身心都能得到健康的发展。多少年来，他苦心孤诣培育的，正是"山里的希望"，"山里的未来"。

最后，诗人向老校长祝愿："由于你和你的诚意"，山村总有一天会改变面貌。用一个"你"就可以包括"你"的一切，身体、行为、思想、感情，全都在内。那么为什么要把"你的诚意"和"你"并列在一起呢？诗人这样写可能为了突出"诚意"。因为对老校长说来，诚意特别重要，如果他没有使山村摆脱贫穷和愚昧的诚意，他也会像过境的大雁一样，早就远走高飞了。诗人的设想非常之美：山村的改变就发生在某一天——"一个明丽的早晨"，它摆脱贫穷和愚昧就像抖落沾在身上的尘土一样，既爽利，又痛快，于是立刻"露出她新娘般的辉煌艳丽"。山村本来是艳丽的嘛，之所以黯然失色，就是因为蒙上了贫穷和愚昧的尘土。等到受过教育的孩子一批批成长起来，山村就会像新娘一样，焕发欢乐的活泼的生机。咱们相信，老校长的愿望一定会实现，到了那个"明丽的早晨"，咱们跟诗人一起，再去山村向老校长祝贺。

这首诗的第一节，第二行的末一字"了"读成"liǎo"，就跟第四行的末一字"校（xiào）"押韵。后边的三节，好些行的末一字的韵母是"i"，可是声调不同，有念阴平声的，有念上声的，有念去声的，还有念轻声的，勉强可以算押韵。第三节中有三行，末一字都是"伴"，当然是押韵的。所以念起来，这首诗还比较顺口。

崔笛扬的《大象从异邦归来》

涉过界河,踏过草莽
流离的象群,在向故国行进
开路的公象用长鼻卷起个问号
一路询问着未知的前程
殿后的母象提心吊胆
踩出的脚窝,贮满惶惑和机警

可是向森林要粮的野火
还燃烧在记忆的心灵?
可是那滥伐乱砍的刀斧
还震抖着紧张的神经?
你这陆地上最庞大的动物呵
才变得如此胆小又谨慎?

"哥——哥!"犀鸟亲昵地呼叫
证实林中栖息着和平

又见那当年干涸的盐水塘

映照出马鹿饮水的倒影

大自然的神秘的宁静呵

终于把大象的疑虑澄清

于是,象群靠紧一棵棵大树

快活地擦着异邦的风尘

然后走向那片成熟的野芭蕉

饱尝着故国新生的安宁

被愚昧的野火烧焦翅膀的童话呵

又在勐巴拉娜西的密林长起了羽翎

    我国西南边境有一片像童话一般美丽的地方,那就是西双版纳,当地人也管这片地方叫作"勐巴拉娜西"。那里的天气又热又潮湿,雨量充沛,到处都是茂密的森林,植物和动物的种类非常之多,有许多是很少见的,应该受到保护,大象就是其中的一种,还有犀鸟、马鹿等等。可是在过去的年代里,因为片面强调生产粮食,甚至提出了"向森林要粮"的口号,大片大片的森林被砍伐了,被焚毁了。植物遭了殃,动物失去了栖息的场所,大象就成群结队地涉过界河,跑到邻国去了。生态平衡遭到了这样大的破坏,雨季江河泛滥,水土流失,旱季变得酷热而干燥,粮食产量不但没增加,收成反而越来越减少。直到中国共产党十一届三中全会以后，那种荒唐的错误才得到纠正，把不该开垦的土地还给了森林，西双版纳天热雨多，热带植物又生长得快，才两三年，森林就初步重现了本来的面貌。大象看到界河这边一片新绿，涉水回到了祖国的土地上。这首诗写的就是大象从异邦归来的情景。

第一节写一群大象，它们在国外漂泊了好些年，如今排成一队，涉过界河，踏过草莽，回到祖国来了。迁移的时候排成一队是大象的习性，总是公的在前头开路，年幼的排在中间，母的在最后紧跟着，保护着自己的孩子。一路上，公象把长鼻子竖得老高的，捕捉从各方吹来的轻轻的风，仔细辨别有没有可疑的异样的气味。它那半卷的长鼻子跟问号似的，在不停地发问："前途是否安宁？"母象提心吊胆地向四周探望，防备突然出现的灾祸。它每移动一步都十分谨慎，每一个深陷的脚窝都表现出它是那样地机警，那样地不敢放心。

大象是陆地上最大的动物，胆子怎么会变得如此之小呢？诗人在第二节中写出了他的设想，用的提问的形式。这里的两个"可是"都是商讨的口气，等于"是不是"，并不表示意思发生了转折。诗人想，大象的胆子所以如此之小，可能是逼迫它们离开故乡的可怕的情景，还深深地刻在它们的记忆中：那无情的"向森林要粮"的野火还在烧炙它们的心；那滥砍滥伐的刀声斧声还在耳边作响，使它们紧张的神经忍不住颤抖。咱们念到这里不禁会这样想：得记住这一场惨痛的教训，咱们今后永远不能再干那样的蠢事。

大象的疑虑终于渐渐地消除了。犀鸟在亲昵地呼唤它们。犀鸟重新在树上安了家，可见新长成的密林已经没有危险了。曾经干涸的盐水塘又贮满了水，又反映出马鹿饮水的倒影。马鹿也回来了，可见必要的生活条件全都恢复原样了。大象不再担心了，大自然的神秘的宁静澄清了它们全部的疑虑。什么叫作"神秘的宁静"呢？我国古来就有"鸟鸣山更幽"的说法，原来"静"并不是没有一点儿声音。在重新长成的密林里，只听到各种各样的鸟的叫声，却看不见它们躲在哪儿；树叶和草丛都在沙沙发响，是微风吹过吗？是什么动物走过吗？万物各得其所，自得其乐，可见密林里安宁极了，气氛还有点儿神秘。大象习惯的正是这种神秘的宁静。

大象完全放心了，它们各自找一棵大树，挨着粗糙的树皮蹭起痒痒来，一边蹭一边摇头摆尾的，那种舒适和自得的表情，跟才到家的游子掸掉身上的尘土，掸掉从异邦带来的尘土一个模样。经过长途跋涉，它们有点儿饿了，正好前面有一片成熟的野芭蕉，于是走近去饱餐一顿。叫人胆战心惊的年代终于过去了，密林重新郁郁葱葱，大象吃着熟透的野芭蕉，"饱尝着故国新生的安宁"。西双版纳的密林本来是个童话世界，就像一只美丽的鸟儿似的。可是曾经一度，这只美丽的鸟儿让愚昧的野火给烧焦了翅膀。如今，烧焦的翅膀重新长上了羽毛，西双版纳，这个童话世界又要展翅飞翔了。

这首诗一共四节,每节六行。各节的第二、第四、第六句的末一字大多同韵,韵母是"eng"或"ing",但是有读上声的,如"警""影",有读阳平声的,如"程""灵""宁""翎",有读阴平声的,如"清""经",因而押韵并不严格。其余的"进(jìn)""慎(shèn)""尘(chén)",就属于另外一个韵(韵母包括in、en)了。

赵恺的《划哟……》

《黄河》——多伦多：
遥远的时间和空间，
在指挥棒下进行奇特的组合。
八十年代西方音乐屏息在唐人街上，
等待一曲三十年代东方的歌。

且慢分析观众心理，
且慢估量演出效果。
先检阅一下乐团阵容吧：
童稚挽扶老翁，
工人偕同学者……
相逢何必曾相识？
脉管都是黄河支流，
声音，
已被染成纯金的色泽。
是生命礼赞哺育，

指挥,

名字叫作"祖国"。

——这样的歌手和曲目,

能够征服骄傲的现代派和挑剔的多伦多?

船夫自有船夫的回答:

风浪本是人生,

木桨是祖传的性格。

唯有儿女理解母亲,

他们把黄河的嘱咐浓缩为两个字:"划哟!"

来吧,炎黄的子孙,

来吧,华夏的歌者。

带着一部黄河文化,

连同她艰苦卓绝的思索和跋涉。

正像黄河征服过历史,

征服今天和未来的,

仍将是——

黄河的追求,黄河的境界,

黄河的风骨,黄河的魂魄。

黄河不息,

中华文化不息:

划哟！划哟！

划——哟——！

多伦多，

现代艺术该如何把舵？

"划哟……"这是黄河上的船夫呼喊的号子。一九三九年在延安，光未然作词冼星海作曲的《黄河大合唱》，就是用这一声气势磅礴的号子开头的。一九八三年六月，在加拿大第二大城多伦多，咱们中国的侨民和留学生二百三十人演出了《黄河大合唱》，地点就在我国侨民比较集中的唐人街。这首诗的开头说："《黄河》——多伦多：/遥远的时间和空间，/在指挥棒下进行奇特的组合。"指挥棒，当然是合唱的指挥手里拿着的那根小棒。"遥远的时间"——《黄河大合唱》的创作已经是四十四年以前的事了；"遥远的空间"——中国的革命圣地延安跟加拿大的文化城市多伦多，一个在东半球，一个在西半球，经度差不多相隔一百八十度。合唱指挥手里的指挥棒，把遥远的时间和空间合在一起了，这样的组合真是奇特之极。在多伦多的唐人街上，八十年代的西方音乐暂时默不作声，听惯各种现代流派的音乐的人，正在等待一曲三十年代的东方的歌——咱们中国的《黄河大合唱》。

来听《黄河大合唱》的人，怀着什么样的心理呢？这一场演出，效果究竟如何呢？诗人说：咱们且慢分析，且慢估量，先来检阅一下乐团的阵容。乐团包括合唱队和伴奏的乐队。这个乐团的成员非常特别，有孩子，有老头儿，有工人，有学者，还有……请注意"学者"后边的那个省略号，还有说不尽的各色人等。"相逢何必曾相识？"本是唐代诗人白居易的《琵琶行》中的一句诗，前边的一句是"同是天涯沦落人"。白居易在江州这个小地方做官，很不得意，听了弹琵琶的女子诉说不幸的身世，与之产生共鸣，于是发出这样的感慨。这里虽然借用了白居易的这一句诗，意思可大不相同，不带丝毫消沉的情调。参加乐团的是咱们中国的侨民，咱们中国的留学生，他们大多互不相识，在加拿大的多伦多，他们聚集在一起了。为了歌颂黄河，歌颂中华民族的性格，他们聚集在一起了。他们严格排练，密切配合，因为他们的脉管都是黄河的支流，脉管里流的都是中华民族的血液。对祖国的眷恋，使他们的声音显得明朗而且响亮，好像染成了纯金一般的色彩和光泽。赞颂生命赞颂力量的歌词和曲调，在排练中一遍又一遍地哺育他们；到了演出的时候，他们心里想的是祖国，想的是怎样把中华民族的性格，用他们的歌声充分地表现出来。因而可以这样说，指挥他们的就是心爱的祖国，眷恋的祖国。照咱们看，这样的乐团，演出这样的节目，还有什么可说的呢？可是，那些自以为不可一世的现代音乐流派将会怎样说呢？那些惯于评头品足的多伦多的艺术评论界将会怎样说呢？甭去管他们，黄河上的船夫自有船夫的回答："人活在世界上就得跟风浪搏斗，咱们手中的木桨就体现着咱们的祖先留给咱们的性格。"只有黄河的儿女能理解黄河母亲,把母亲的千叮万嘱浓缩成两个字:"划哟!"咱们划哟,扳起手里的木桨去战胜风浪。那些闲言碎语,不过是浮在浪尖上的渣滓,有什么力量能阻止咱们前进?

诗人呼唤祖国儿女,呼唤大家一同来歌唱,歌唱这支体现中华民族的性格的《黄河大合唱》,要唱出黄河如何孕育了中华民族的文化,要唱出黄河如何艰苦卓绝地推动了中华民族的思想和历史的进程。正像黄河征服过历史一样,征服今天的,征服未来的,仍将是黄河的追求,黄河的境界——中华民族的崇高的理想;仍将是黄河的风骨,黄河的魂魄——中华民族的勇往直前的气概。黄河滚滚奔流,没有停止的一天,中华民族的文化也将不断前进,没有停止的一天。听吧,听黄河上的船夫呼喊着号子,在跟风浪搏斗:划哟!划哟!划——哟——!豪迈的号子响彻了多伦多。请问多伦多的音乐界评论界,你们认为现代的艺术应该如何把舵?应该朝着哪个方向前进?

这首诗没有押韵。句子长短不齐,好像未加修饰,咱们念着,却感到很有力量。

《诗人的心》后记（一九八四年版）

看了一遍校样，又做了少许修改。这三十篇短文，我自己看了少则七八遍，多则十来遍，每看一遍都或多或少做些修改。对少年读者，我不敢怠慢；对所选的新诗的作者，我也不敢怠慢。但是即使再改若干遍，也不可能有多大起色，理解能力只能达到这样的水平，是无法勉强的。希望这本小册子印出来之后，少年读者给我多提意见；少年们的老师和家长如果认为我这样做还有点儿意义，也给我多提意见。我更希望这些新诗的作者给我提意见，指出我的谬误。遗憾的是作者之中大约有十位已经成为古人了。他们为新诗开拓局面，冲锋陷阵，我们可不要忘记了他们的功绩。

叶至善

《开明少年》中的《诗人的心》

孟郊的《游子吟》

慈母手中线,游子身上衣。
临行密密缝,意恐迟迟归。
谁言寸草心,报得三春晖!

上面抄录的这首诗是一千一百多年前(唐朝)诗人孟郊作的,题目叫作《游子吟》。意思很容易明白。希望少年们把诗念几遍,逐字逐句仔细想想,再把整篇仔细想想,就可以了解全诗的意思。无论看什么文字,单篇的,成本的,散体的,诗体的,自己能够理解最为可贵。用自己的心思揣摩得来的,比较从旁人那里听来的深切得多,也受用得多。

现在我讲这首诗,只是给少年朋友做个参考,看你自己的理解和我所讲的合不合,如果不同,又是在哪些地方。我所讲的不一定全对,即使对,也未必周全,所以只能做个参考,不希望你们"照单全收",不假思索。尤其不希望你们自己不先仔细想想,就看下面的文字。

这首诗无非是想表明一个意思,就是说,慈母爱子之恩又深又广,儿子受到了这种恩惠,是无论如何报答不尽的。把这个意思对大家说,大家当然懂得,也会表示赞同。可是,说"慈母"只是个空洞的词儿,说"恩"又看不出怎样的恩,说"深"说"广"又都是形容词,深到怎样,广到怎样也难捉摸。总之,说"慈母爱子之恩又深又广"这么一句,不能叫人仿佛看见了一位慈母,仿佛受到了她的深广的恩。因而下面"无论如何也报答不尽"的话,也只是表示一个意思而已,并没有感动大家的力量。

通常说,仅仅表明一个意思,算不得诗,譬如"母爱子之恩又深又广,儿子受的这种恩,无论如何报答不尽",这样的话就不能算是诗。诗必须得布置一个场面,开辟一个境界,把意思融入里头。有了场面,有了境界,读者就宛如身经其事,身临其境,不用过多的说明,自然会体会到融入在里面的意思。这样的体会也比仅仅懂得其中的意思要深刻得多。

这首诗的前四句就是一个场面,一个境界。母亲手中在做针线活,她在缝被子、做衣服,她的儿子快要出门去了。母亲未必愿意儿子出门去,可是儿子有必须出门去的理由,她不能不让他去。她所巴望的是儿子能早早回来,最好今天去了,明天就回来。但是出门在外哪有个准儿,或者事物羁绊,或者路途耽搁,说不定一年两年甚至九年十年都回不来。那时候,儿子身上的这件衣服该要旧了破了,为要能让他穿得长久些,即使九年十年也不至于破,于是母亲就密密地缝,做得特别结实。一件衣服破了,尽可以换上一件新的,只要有钱买。但是儿子穿买来的衣服,哪儿比得上穿母亲亲手缝的衣服舒服、温暖呢?这么一想,手里做着的这件衣服,一定要久穿不破才行,于是母亲特别加工,密密地缝。——前四句包含的以上这些意思,是我们可以想到的,这些不是空洞的意思,像是一幅画,把实境实情描绘出来了。母亲在缝儿子的衣服,是实境;母亲唯恐儿子迟迟回来,所以特别加工,密密地缝,是实情。从这些实境实情,就见得开头的"慈母"两字不只是个空洞的名儿,而是指一位把整个的心都放在儿子身上的母亲。于是就有了末了儿两句表示感叹的句子。只因有了前面的实境实情在,后面的话就不是凭空的感叹了。而且感叹之中又布置了一个场面,开辟了一个境界。三春的阳光普照着大地,一棵小草在阳光之中欣欣向荣,生意盎然——用来比喻母亲和儿子。阳光是那样地广大,小草是这样地微细,小草虽然感激阳光,心想报答,但是阳光那种无所不照的恩惠,凭小草这点点微诚报答得尽吗?单说报答不尽,似乎落了空,有了这么个比喻,报答不尽的道理就感到非常真切了。

全首诗三十个字的作用,就在教我们感受以上所说的场景和道理。

开头的两句诗中好像省略了些什么。照我们说话的习惯,或者会说"慈母手中的针线,缝游子穿的衣服",或者会说"慈母手中的线,一条条地缀在游子的衣服上",必须把"缝"或"缀上"说进去,否则就不成话。其实这里并不是省略,而是诗歌里的一种特别说法。诗歌里不妨有特别说法,只要运用某种形式,使人家能够意会。所谓某种形式不止一种，对偶也是其一。第一、第二两句正是对偶，念下去自然能够意会两句的关系，再不必说什么"缝"或"缀上"了。而且，只有不说，才包含了更多的意思，除了"缝"或"缀上"以外，可以随人去想。

末了儿两句也可以用正面的说法，比如"区区寸草心，莫报三春晖"，好像也可以。但是这样说就说死了，读者再没有设想的余地了。不如反诘口气，让读者自己去想，到底报答得了，还是报答不了，我们在说话的时候常常会用反诘口气，就是这个道理。

以前的诗都用韵。念到用韵的地方，可以引起低回吟味的情趣。这首诗双数句的末了儿一个字是韵，共有三个韵。照现在念起来，"归（guī）""晖（huī）"是同一个韵，"衣（yī）"是另外一个韵。但是这三个字在孟郊那时候是念成同韵的。

这首诗属于乐府一类。所谓乐府，就是有曲谱的可以歌唱的诗。但是这首诗当时是怎么唱的，现在已经无从查考了。

　　　　　　　　　　刊于《开明少年》一九四五年第一期

臧克家的《死水》

一湾绿水
发了霉,
太阳,
在水皮上蒸发起
小的脓疮,
男子
在水边饮牛,
女人
排在湾呀崖上
洗衣裳,
白鹅
在水上划船,
孩子们,
沉下去
又浮上来,
这一湾死水,

有了笑,

也有了光。

这首诗的开头先告诉你那是一湾什么样的水:水面上蒙着一层腻腻的灰白色的霉,乡里人管这层霉叫水皮。太阳很猛,晒得水皮上冒起一些小泡泡儿,跟人长着脓疮一样。水是绿颜色的,可是绿得又混又暗。那是一湾死水。前面这五行里,没有写着一个"死"字,也用不着写上一个"死"字,"霉","水皮","蒸发起/小的脓疮",这些字里话语里都带有"死"的意义了。这些字和话语,清清楚楚地写明了那湾水的样儿,那样儿只能是"死水"的样儿,活水绝对不会有。

一天里,在水边,在水里,却有许多东西在动:男人牵着牛,牛饮着水;女人搓着衣裳,搅动了水,起了些水波;白鹅像是在划船,在水面上浮来浮去;孩子们一会儿钻进水里,一会儿又探出头来。一天里,有种种东西,在水边,在水里动着,动着。

诗前面的五行描出一个"死"水,后头十行写出一个"动着"的水。写动着的水比写死的水要多出了一半儿,并且从"男子/在水边饮牛"一连串儿说到"孩子们,/沉下去/又浮上来",越动越有劲,越动越高兴,说"死"水的时候,可只是平平淡淡的两句话。这叫我们觉得诗里满是动的活力,"动着"的水的活力强过了"死"水,压过了"死"水,简直叫"死"的水也活了起来。

在乡下,不论什么地方都有男人、女人、孩子、牛……在动着，就是在那湾死水边儿上也有。诗人觉得那些男人、女人、孩子、牛……充满了活力，又觉得在那湾死水边儿上，活力显得更强烈，因为活和死的对比太鲜明了。于是他要把他感觉到的乡下人的活力告诉大家，要在那样明显的对比里，给大家一个很深的印象。

前面的五句叙述得很平静，后面的十句说一样东西记一个动作，说一样东西记一个动作，我们仿佛觉得诗句也在动着，诗句也是活的。一连串儿表达同一个意思的话，往往能把那个意思表达得更透彻、更有力量，而最能表达那个意思的话，往往会放在最后头。在这里，孩子当然是比什么都要有活力的一群，他们在水里"沉下去/又浮上来"，玩得是那么高兴。死水的笑和光多半是从孩子这里来的。

这首诗里没有别扭和生僻的字，也没有拐了好几个弯儿的句子，很适合朗诵。朗诵的时候要注意，有的一句分写成两行或者三行的，不要把它们连起来一口气念完。那些没有句读符号的诗行，也得停顿一下再念下一行。在作者的脑中，每一行都是一个很鲜明的景象，一行又一行地写下来，随着作者的思路一步步展开。我们按着一行又一行地念，更能理会"死水"给作者带来的那些景象，也就能更好地理解这首诗了。

诗的作者是臧克家先生，这首诗收在他的诗集《泥土的歌》里。

刊于《开明少年》一九四五年第二期

苏轼的《水调歌头·明月几时有》

　　明月几时有？把酒问青天。不知天上宫阙，今夕是何年？我欲乘风归去，又恐琼楼玉宇，高处不胜寒。起舞弄清影，何似在人间！

　　转朱阁，低绮户，照无眠。不应有恨，何事长向别时圆？人有悲欢离合，月有阴晴圆缺，此事古难全。但愿人长久，千里共婵娟。

　　唐朝诗人李白曾经作过一首诗，题目叫作《把酒问月》，开头儿说："青天有月来几时？我今停杯一问之。"跟上面抄录的这首词的开头两句意思完全相同。虽然相同，我们可不能认为是苏轼抄袭了三百多年前的李白的诗。后代人读了以前人的文学作品，如果有所体验，生出了新的意境，往往就会借用现成的语句作为引子，来表达他所体验到的是什么。这种情形，在诗里词里曲里都是常见的。再说，晚上看见了月亮，差不多谁都会想"月亮有了多久了呢？"苏轼在八百六十九年前宋神宗熙宁九年（公元1076年）的中秋晚上，当然也可能会有这个想法,他就很自然地把这个想法当作了词的开端,并没有顾及是不是与李白的诗句相同了。在这里我们做这样的解释,应该是可以的。

　　当时苏轼举起一杯酒,对着青天问道:"月亮有了多久了呢?"青天当然不会回答他。其实他并不想得到解答,虽然"明月几时有?"在形式上是问句,但是他只是在感叹月亮的永生不灭,隐隐地和短促的人生做个对比。接着他又问道:"不知天上宫阙,今夕是何年?""天上宫阙"指传说中月亮里的宫殿,后面的"琼楼玉宇"指的也是这个。开头问"明月几时有?"知道了"几时有",自然推算得出"今夕是何年"。他既问"明月几时有?"又问"今夕是何年?"似乎重复累赘。但是"何年"不只是"哪一年"的意思,正如现代人说"这个年头"不只是"如今民国三十四年"的意思,而是说"在如今民国三十四年的情况下"。所以,"今夕是何年?"等于问"今夜是什么情况?"

　　从前的诗人大多觉得自己不合时宜,应该住在另一个理想的世界里——天上——才对。在诗词里,他们常说自己原是住在天上,偶尔降落到人间来了。(有这个想法自然有种种原因,这儿不能细说。)苏轼也是这样的诗人,因而他说"我欲乘风归去",他想乘着天风回到从前住的月宫里去,前面问"今夕是何年?"也表示他虽降落人间,却非常怀念他的老家——天上。去是想去,他又怕在人间住久了,会不习惯"琼楼玉宇"的又高又寒。"不胜寒"就是挡不住寒冷的意思。这样想着,他不由得站起身舞了起来，欣赏月光中自己的清晰的影子。这时候他觉得自己哪儿是在人间，好像已经回到光明澄澈的月宫里了。言外之意是说：虽然在人间，只要心地澄澈，就跟在天上没有什么差别。

月亮升到天心以后，转过楼阁的屋角，渐渐向西方落下去，清光穿进窗户，照着窗户里没有入睡的人。"朱阁"是"漆着红漆的楼阁"。"绮户"是"张着丝织品的窗户"。这些不一定是写实，诗人常爱运用这些富丽的词句装饰他们的诗词。在旧历月半，月亮渐渐下坠的时候，夜已经很深了，可是苏轼还没有入睡。他看着团圆的月亮，想念起他的弟弟苏辙来了。他写这首词的时候正在密州（今山东高密）当知州的官，他的弟弟苏辙在济南（今山东济南）。诗词里本来就常用月亮的圆缺来比配人间的团聚和离别。离多聚少，月亮往往在离别的时候圆了，这使人感到难堪。但是想到月亮也不是永远光明的，有时候阴云把它遮住，也不是永远团圆的，过了月半，又渐渐地残缺了——正和人间有悲欢离合一样。要月亮永远光明团圆，人间永远欢乐团聚，自古以来就难以两全其美。只要彼此身体健康，虽然相隔千里，却可以欣赏同一个月亮，这就很可以安慰了。"婵娟"原是形容女子美好的形容词，在这儿转成了名词，指月亮。这是由月里嫦娥的故事而来的。嫦娥是仙女，就用"婵娟"代表嫦娥。诗词里重复提到一件事物的时候，往往避免用相同的名词。这一首词由月亮开始，用月亮结束，组织得极完善。

在这首词的前面，苏轼还写了几句小序："丙辰中秋，欢饮达旦，大醉。作此篇，兼怀子由。"子由是他弟弟苏辙的字。"兼怀子由"，就是说"同时抒发怀念子由的心情"，可见他那晚除了怀念弟弟，另外还有所感触。

苏轼和王安石是同时代的人，他原来在京城汴梁（今河南开封）做官，那时候宋神宗醉心王安石的新法，一意要变法。苏轼比较守旧，他不赞同王安石的新法，但是王安石的势力很大，他自知难于对抗，就请求调到京城以外去做事，结果调到杭州做通判。三年以后，因为他的弟弟在济南，又请求调到山东去，皇帝就派他到密州去做知州。从这一点上可以看出，苏轼跟他的弟弟是如何地友爱了。

苏轼虽然在外边做事，对于京城里面的事情——一切政治上的变化——还是非常关切。在这首词里，他把"天上"暗射"京城"，隐约地说出了"如今京城里的情形怎样了？我很想回去，可又怕耽不住"。据说后来宋神宗看到了这首词，体会到了他的用意，叹息说："苏轼对于我依旧那样忠爱呀！"现在忠君的说法是早就推翻了，可是在那个时代，国家、人民，全属于皇帝，替国家人民做事，就是替皇帝做事。我们不能用现在的思想来批判苏轼，说他的意识落后。

这首词的牌子叫《水调歌头》。原先词都是可以唱的，每个牌子有一首曲谱。可是宋朝以后，所配的曲谱渐渐散失了，没有人知道词该怎么唱了。从前唱的时候大抵用箫笛来和，据说苏轼自己也能唱。词的牌子和内容不一定有关系。最先是有些配好了曲谱的词流行了，那些词或者就它的情调，或者就它的内容，取定牌子的名称，也有用词中的一句或头一句做牌名的。作词的人不一定会制谱，有了感触，觉得用某一首现成的曲谱的情调来表达很适宜，就依照了旧曲填成自己的新词。那当然得写上旧的曲牌名，使唱的人一望而知。字的声调有"平上去入"的分别，和调子的强弱高低、抑扬顿挫是很有关系的，因此填词的人要按照原词每个字的声调来填。现在有的人还喜欢填词，他们仍旧守着这个规律，可是不再能唱了。因此，填词几乎是一种"文字游戏"了。《水调歌头》据说是从一首长曲《水调歌》上截下来的开头儿的一节。因为这首词的牌子和内容无关，而且我们也不可能唱，这儿就不去深究它了。

刊于《开明少年》一九四五年第三期

杜甫的《闻官军收河南河北》

剑外忽传收蓟北，初闻涕泪满衣裳。
却看妻子愁何在，漫卷诗书喜欲狂。
白日放歌须纵酒，青春作伴好还乡！
即从巴峡穿巫峡，便下襄阳向洛阳。

一九四五年八月十日晚上，日本投降的消息传来了，全国人民都喜欢得像发了狂一样。这八年来，为了抗战，为了建国，大家受尽了辛苦。现在敌人终于在同盟国的围攻之下投降了，这怎能叫人不高兴呢？尤其是家乡沦陷了避居到后方来的人民，他们一想到不久就可以回到别离已久的家乡，不久就可以和日夜惦念着的亲友们见面，这一腔高兴的心情，真不知该用什么话才能表达得出来。前面抄录的这首杜甫的律诗，所写的就是诗人当年在遇到类似情景时一腔高兴的心情。

杜甫生在唐朝睿宗末年（公元712年），他起先住在长安杜稷，后来迁居洛阳。杜甫年轻的时候，正逢历史上所称道的唐玄宗开元天宝的盛世（公元713年到755年）。后来安禄山反叛了，京城长安一带被北方异族人的军队骚扰得不成样子，并且连年闹饥荒。因此在四十岁以后，杜甫几乎没有过过太平日子。安禄山才被郭子仪讨伐平定，跟着史思明又作乱了。这时候杜甫从陕西进四川避难，在成都城西面造了几间草堂居住。至肃宗宝应元年（公元762年）十一月间，官军把史思明的长子史朝义赶出洛阳，收复了河南。史朝义逃到河北，被李怀仙杀死，河北也平定了。杜甫在成都听到了这个消息，正和现在避居后方的人听到了日本投降一样，高兴得眼泪都流下来了。他把刚听到这个消息时那一瞬间的心情写在上面的这首诗里。

这首诗的第一句，说他忽然听到收复河南河北的消息。"剑外"指的是四川。他身在四川，而唐朝的京城在长安，以京城看来，四川是在剑阁之外了。"蓟北"就是河北。他一听到这个消息，兴奋得跟什么似的，不禁"涕泪满衣裳"了。他一家人在外面流浪了许多年，几乎没有一天不在愁苦之中，收复河南河北的消息一传来，他回头看看他的妻子，往日的忧愁不知消散到哪儿去了。于是他把诗书随便地收拾收拾。"漫"字就是"随便"的意思，表示他高兴得静不下心来，急于回去。第五句是承接第三句的。往日的忧愁既然全没有了，在白天就该放声唱歌，放量喝酒。这里的"白日"，除了"白天"外，还含有"光天化日""太平日子"的意义。第六句承接第四句。收拾诗书做什么呢？就是打算回老家去了。收复河南河北是在十一月间，那时候邮递不方便，消息传到成都，该是冬尽春初了。这正是回乡的好时光，一路有春景做伴儿，该是一件多开心的事啊。末了两句杜甫说他已经设计好了回去的路程。先走水路，穿过巴峡巫峡，到荆州起岸，向北经过襄阳，最后回到洛阳。在地图上我们可以看到，巴峡在巫峡之下，想来杜甫没有走过这条路，不是很熟悉地理，弄错了。或者他这里所谓的"巴峡"，是指四川境内别的峡而言的。

念了这一首诗我们可以悟到，诗人的心其实和每一个普通人是一样的。不过诗人能用几句简短的精粹的语言，把他的情感写成诗，用诗把他所感触到的完全表达出来。人家读了诗人写的诗，都觉得自己也有这样的感触，可是自己表达不出，诗人却替他表达出来了。诗要是能做到这样，才算是一首好诗。

刊于《开明少年》一九四五年第四期

绿原的《弟弟呵，弟弟呵！》

我们喜欢诗。有些诗读了让我们敬佩，好像那个作者就是我们自己，他只用几行诗，就把我们心里的话全都说出来了。又觉得那些话常常在我们脑子里盘旋，让我们睡不着，让我们流泪，或者让我们觉得好笑。我们自己也有过那种感觉：这些话可以写成一首好诗的，但是写不出来，突然看到人家写出来了，心中不由得敬佩那位诗人。诗人能用精练的诗句，表达出大家共有的思想和感情。

有一位诗人绿原，他在比你们稍稍大几岁的时候，已经能写很好的诗了。现在我要讲的，就是他写的一首题为《弟弟呵，弟弟呵！》的诗。这首诗是为纪念他死了的弟弟写的。自己的弟弟死了，该是多么悲伤的事呵……我们看看他是怎样用诗来表达自己的感情的：

> 小河弯过浮桥回家了
> 最后一只帆船儿回家了
> 蝙蝠也回家了

萤火虫也回家了

月亮也滚着轮环儿回家了

弟弟,你还没有回来

弟弟,你到哪儿去了

弟弟,今晚你歇在什么地方?

这是这首诗的头上两节。哥哥心里明明知道弟弟死了,但是他始终怀着一分"希望",希望弟弟没有死,他只是出去玩儿了,很晚了还没有回来。于是他急切地希望弟弟快快回来。他从家里跑出来接弟弟,因为天色晚啦,他走到小河边,小河弯过浮桥回家了,河上最后的那只帆船也回家了。他等着,等着,天黑下来了,蝙蝠回家了,一会儿,萤火虫也回家了,最后,月亮也回家了。弟弟怎么还不回来呢?你也许要问,小河天天那么流着,怎么说它是回家呢?蝙蝠到天快黑的时候才出来,怎么说它是回家呢?这是因为他想弟弟想得心切,觉得什么东西都回家了,只有弟弟还没有回来。

等到深夜了,弟弟还没回家,于是他自言自语地问着:"弟弟,你到哪去了?""弟弟,今晚你歇在什么地方?"可是有谁来回答他呢?当然没有。于是他就猜测起来了:

是不是

那个野胡子吹着小唢呐

将你盛进他的黑布袋里去了

是不是

那位扶着手杖的老姆姆

请你到她的矮草屋

去唱一只歌呢去喝一杯茶呢

或者是

沿着池塘去访蝌蚪哥儿

忘记妈妈的叮嘱

让露水凝锁着小眼睛

让星星落在梦边

你躺在潮湿的水草地上睡着觉呢

我不知道你们有没有读过那个野胡子吹着小唢呐，把小孩子骗去藏在他的黑布袋里的故事，这样的猜测是多么令人担忧啊！但也许是那位老姆姆请你去唱歌去喝茶；也许是你忘了妈妈的叮嘱，去捉蝌蚪，在水草地上睡着了。一阵担忧，一阵自慰，又一阵惶恐，可以想象得出，他是多么想念弟弟呵！这一节的最后二、三行意境很美丽：一个小孩子在水草地上睡着了，他闭着眼睛，露水凝结在他的眼睛上，好像把他的眼睛锁起来了一样。那时候，他也许梦到天上的星星落下来了，就落在他睡着的地方。这两行诗把夜描写得静极了，美极了。我们读着,好像夜色就展现在我们眼前。

诗人等不到弟弟,只有独自回家了。这时候他的心里该是多么寂寞,多么冷清呵。夜深了,一个人孤零零地坐在那里,面对着弟弟玩过的一些玩具,于是诗人这样写:

  好响的夜呵……
  弟弟
  你那滴滴答答的金表儿
  已经病得喑哑了
  可是你那吱吱哪哪的小风车儿
  却还轻轻地在转着哩
  红色的瓜儿和青色的豆儿
  麻褐色的胡桃儿和绿色的橄榄
  都在想着小主人回来

  弟弟呵
  弟弟呵

这里"好响的夜呵……"一句,是说:"这是多么冷清,多么寂寞的夜呵!"夜深了,一切东西都睡了,一个人在屋子里,孤零、寂寞,只要有一点点儿声音,就会觉得那个声音很大很响。金表儿的滴滴答答声,小风车儿吱吱哪哪的转动声,这些在白天几乎听不见的声音，这会儿都让他觉得好响好响。在这寂寞的时候，弟弟玩过的那些玩具：金表儿、小风车儿、瓜儿、豆儿、胡桃儿……也一定在想念弟弟了。

不仅仅是弟弟的那些玩具，弟弟喜欢的东西：鸟儿、花儿、草儿……一定也都在盼望弟弟快点儿回家：

> 啄木鸟向林子喊着你的名字
> 鹦哥儿向窗外喊着你的名字
> 纺织娘流着泪
> 蔷薇花也在流泪
> 还有长尾的松鼠儿呵
> 冠鸡儿和橘色的小鸭呵
>
> 弟弟呵
> 弟弟呵

这些鸟儿，花儿，真的会为想念弟弟流泪吗？当然不是，是诗人自己想念弟弟想得流泪了。所以他觉得他所看到的，想到的东西，也都在流泪。

金表儿、小风车儿、豆儿、橄榄、啄木鸟、蔷薇花、松鼠、小鸭等等都没有办法让他的弟弟回家来。于是诗人想到，也许只有弟弟的小恋人，才能把他叫回来吧：

你的小恋人

那像葡萄一般美丽的

像春风一般美丽的

像金鱼一般美丽的

有一顶用凤尾草结出来的王冠

一粒冰糖和一张画片儿

和一只盛着蓝色肥皂泡的小水桶

要送给你送给她的小恋人呀

弟弟呵

你为什么还没有回来

有这样一位可爱的小恋人在等着自己，有谁会不想回来呢。可是弟弟终究没有回来。诗人在悲伤之余，只有希望明天，明天的明天……

当南风先生摇着扇儿

从芭蕉王国旅行回来

你也该回来了

你也该骑着小马儿回来

用小手儿蒙住小眼睛

醒来便是妈妈底手臂……

诗人希望：到了南风吹来的夏天，弟弟会骑着小马儿回来。那时候他就会用小手儿蒙住小眼睛，从妈妈的手臂上醒过来，就像他以前天天看见的那样。诗人是用这样的话来安慰自己，弟弟是不可能回来了，因此这些安慰自己的话，就显得更加悲痛。

这诗写得真好，读着，我们也会为诗人的真情深深地感动。此外我们还应该把全诗连起来仔细地读读，看诗人是怎样一步一步地，有顺序地来表达自己对弟弟的思念的。诗中的每一句话都非常亲切，每一个词都非常美丽，像一颗颗的宝石一样地闪闪放光。

刊于《开明少年》一九四六年第六期

沙逊的大卫

——阿美尼亚流传了一千多年的民族史诗

在苏联高加索的南方,有个小小的共和国叫阿美尼亚。阿美尼亚民族在那里已经有几千年的历史了,在这么长的一段历史里,充满了苦痛、辛酸跟奋斗。从第七世纪到第十一世纪,阿拉伯侵占了那块土地,阿美尼亚人民起来反抗,失败一次,再来一次,直到争得了胜利。第十九世纪,阿美尼亚又被俄国的沙皇和土耳其的苏丹统治着,一直到俄国革命,推翻了沙皇政府。阿美尼亚自由了!一个新的政府成立了,一个新的国家——阿美尼亚共和国——诞生了。

《沙逊的大卫》这首很长很长的民族史诗,是阿美尼亚人民唱出来的。上一代传给下一代,下一代传给再下一代,已经传唱了一千多年了。这首诗歌唱的是阿美尼亚人的祖先是怎样跟阿拉伯侵略者斗争的,歌唱的是他们热爱和平热爱自由的精神。

把这首诗写成文字是近几十年的事,早先这首民族史诗,是从这个人嘴上传到那个人嘴上,从老头儿嘴上传到年轻人嘴上,从年轻人嘴上传到小孩子嘴上。唱着这首诗的人自己也在受着压迫，自己也在进行着反抗，亲身尝到的痛苦和亲身得来的经验，就随口编进了诗里，一年又一年，一代又一代，这首诗越来越充实，越来越丰满。

谁是这首诗最开头的作者？我们不知道，谁也不知道。这首诗是人民唱着唱着唱出来的，也是人民唱着唱着把它充实起来的。

这里我们向少年朋友介绍的，只是全诗里的一节，是由亚克先生翻译的。在这一节以前的故事是这样的：大卫的爸爸穆格尔，不愿意向阿拉伯上税纳贡，跟阿拉伯王打了一仗，穆格尔胜利了。阿拉伯王的寡妇愿意做他的妻子，他们生了个孩子叫麦立克。阿拉伯王的寡妇虽然嫁给了穆格尔，和穆格尔有了孩子，但是她恨阿美尼亚，也恨穆格尔在阿美尼亚的妻子和儿子（大卫）。

阿拉伯的国王麦立克统治了国土的北方东方和南方，只有西方的沙逊（阿美尼亚的一个城）不愿顺从。麦立克用剃刀割破了额头，鲜血滴在金盆里；他蘸着血给北方、东方、南方写下了战争的命令："来呵！每个带武器的人，一齐来呵！战争，战争！"

> 还没有到规定的期限，
> 大队人马从四面八方朝他那里开来：
> 几十万骑着骏马的勇士们——来到了！

几十万披着白发的父老们——来到了!
几十万吹着喇叭的青年们——来到了!
战鼓敲得雷声价响!
七位国王来自七方!
人马是这样的多呀!
马步三军远远地掀起狼烟。
先头部队已经到达河边,
饮足了战马,河水已变浅。
中间的部队彻底把河水饮干。
后面的部队甚至舔了河床的石头,
再也没有一滴河水可以到口。

他们在密斯尔(阿拉伯城)的郊外扎下了营。人们齐声问麦立克:"谁是我们的敌人?我们的刀剑要向谁伸?"麦立克说:"敌人是沙逊城的大卫,我要去消灭沙逊!"大队军马就奔向沙逊城。

战书传到了沙逊,在沙逊引起了惶恐。维尔果,大卫那个胆小的伯父跟他的弟弟奥乾商量:"我们是弱者,奥乾!我们不能跟麦立克对战。要瞒住大卫;我们摆桌酒席,把他灌醉。然后我们带着所有的妇人、姑娘和财产去送给麦立克,也许,他会怜悯我们。"

酒席摆起来了,大卫喝醉了,倒在地上,打起了鼾。这时候,大卫的叔祖开利托罗斯召集了自己的儿子侄子三十八位儿郎一起跳上战马,到山丘里架起了三十九个帐篷。他们决定露宿一晚,第二天就向麦立克的军队去挑战。

托罗斯的妻子心里难过得要死,她坐在大卫的枕边,她的热泪烫着了大卫的脸。大卫醒了,坐了起来,问她:"娜妮!你为什么哭?"她说:"麦立克带来了千百万军队,托罗斯去同他打仗了。麦立克会杀死托罗斯,会杀死我的儿子和侄子。他也要到这里来杀死我们,把我们斩草除根杀干净。"大卫听了耐不住愤怒,他跑到奥乾面前说:"伯父!给我马和剑,我要去打仗!"奥乾说:"在那一年,死去了穆格尔我的兄弟,我就把他的衣服埋在门槛底,我把那盔甲深深地藏在房子下面的大地窖里。嘉拉利马,关进了一个大马厩里。我生怕,生怕麦立克会来把这些抢去。现在呀!大卫,我来取给你。"

奥乾取出了衣服,叫大卫下四十层又高又陡的台阶去取盔甲。大卫带着盔甲出来,奥乾很高兴,他说:"不错,他真是穆格尔的后身!我是穆格尔的哥哥——还不能把他的盔甲举起,一个小孩子倒居然把它拿出来。"

穿了盔甲,大卫去取马。嘉拉利马认出了穆格尔的盔甲,快乐得高声嘶叫,嗅了大卫一下,开始哭了。来到外面,嘉拉利马认出站在面前的不是穆格尔,它用蹄子踏着地面,地上迸出了火光,它说着人话:

"你这灰尘,我要把你踏成灰烬!你来要跟我做甚?"

大卫说道:"我要骑你!"

嘉拉利说:"我要将你高高举起,靠近太阳把你烧死!"

大卫说:"我会翻转身来藏在你的肚底!"

马又说:"那我落在高山顶上,把你碎成一团肉泥!"

大卫说:"那我再翻转来骑上你的背脊!"

马说:"如果能那样——你是主人,我就是你的坐骑!"

大卫对马说:"你以前没有主人,现在我就是你的主人!

以前没有人看护你,今后我来看护你!

以前没有人喂你饮你,今后我来喂你饮你!

以前没有人搔你洗你,今后我来搔你洗你!"

大卫骑上了嘉拉利马,奥乾悲苦地唱道:

  千万倍的可惜啊,

  使人心痛的是别离,

  我可惜一只小鹿儿,

  要由家里远远地跑出去!

  大卫走到街上,来了沙逊的市民和乡人,几个姑娘唱着:"我们不愿和你别离,噢,大卫我的小兄弟!"大卫问候了市民,问候了乡人,问候了所有的男人和女人:"兄弟姐妹们,不要怕敌人,我为你们去同麦立克斗争。祝你们平安,祝你们安宁!咱们再会了,我要去同麦立克斗争。"

静静地驱着马,大卫奔向麦立克的军队。这时候已经是晚上了,天上的星星闪着亮光。大卫立在山顶,望见底下的军队好像无边的海浪,他摇摇头,说:

> 我的天呵!
> 我怎能跟这样多的军队打仗?
> 他们就算是一群春天的羔羊,
> 而我就算是一只恶狮——
> 我也不能把他们吃个光。
> 假使我就算是一团火,
> 而那营长就算是干草堆,
> 我也不能把他们烧成灰。
> 假使他们就算是灰,
> 而我就算是风——
> 我也不能把他们吹个干净。

嘉拉利猜到了他的心思,说道:"喂,你,少信仰的人!你的恐惧由何而生?你能够砍杀多少,我的蹄子就可以把多少踏倒!不要气馁,赶着我走!只要你我一起出手……"这些话使大卫坚定了自己的主意,他说:"慢着,我首先要让他们准

备。"大卫在山崖上开始喊叫:

  喂,睡觉的人们,快起来呀!
  醒来的人,勒住马呀!
  勒住马的人,配上剑呀!
  配上剑的人,骑上马呀!
  以后可别说大卫是
  像偷儿般秘密地走来走去呀!

  闯进敌营,大卫一面砍,一面喊:"跳呀,我的马,跳呀!杀呀,我的剑,杀呀!"用剑杀,用马踏,血的急流把尸体都冲走啦。
  麦立克的军队里有个阿拉伯老人,他走到大卫面前说:

  "大卫,我的亲爱的,
  这实在是人呵,
  活着的生命呀!
  为什么你要把他们残杀?
  实在他们家里有着妻子
  又有着儿女……
  他们都是可怜的,
  穷苦的人民呵,

请你怜悯这些不幸的出征人吧!

那个——是自己老母的靠身,

那个——刚结婚不久就被逼着出征,

那个——是孩子们的庇护和希望,

那个——是年老双亲的星象。"

"那为什么他们要来同我打仗?"

老人说:"我们能够怎样?

麦立克强迫着我们来,

我们并不是你的敌人,

你的敌人是麦立克,

你去同他打吧!"

"麦立克在哪儿?"——大卫问道。

"在那儿那个绿帐篷里睡觉。

如果你要杀死他,大卫,

所有的战士都要为你祈祷。

他们就能回到家里,

那里有等着他们的父亲和儿女!"

大卫非常感动,停止了厮杀,他说:"老年人你告诉了我很好的话,我一定照着去实行!"快马飞跑,一会儿就到了麦立克的帐篷,他叫仆人进去通报,"让麦立克出来同我见仗!假若没有死亡,我就是死亡!假若没有地狱,我就是地狱!我要送他见阎王！"麦立克出来，高声地笑："哈，大卫！多久你学会了骑马？请下来，咱们里面谈谈，休息一会儿，再打仗！"麦立克的母亲也出来说："大卫，先休息一会儿吧，等会儿你们再去打！"母亲三番五次地请求，大卫才下马，可是马跳着，它朝山上跑开，它一切都明白。刚进帐篷呀！大卫翻进了一个深坑。

这一晚奥乾做了一个噩梦，他梦见大卫被人杀害。他跳起来走到马厩里，拍着白马的肚皮，他问：

"喂，白马呵！
什么时候你可以带我到大卫作战的地方？"
马说："从晨曦以前。"
"你只会吃草料，没用的东西！
到午前我在那里找到的，是大卫呢，
还是尸体？"
奥乾走到红马的面前，
"喂，红马呵！
什么时候你可以带我到大卫作战的地方？"
马说："晨曦以前。"
"费了我多大的心血，无用的东西！
到早晨我在那里找到的，是大卫呢，
还是尸体？"
奥乾又问黑马：

"喂,黑马呵!
什么时候你可以带我到大卫作战的地方?"
马这样回答:"只要你一拉着我
左脚踏入镫里,
右脚还没提上鞍子,
我就把你带上了战场。"

奥乾一只脚踏进镫子,另一只脚还没迈过鞍子,马就跳起来,来到了嘉拉利所在的山上。奥乾大大吃了一惊,"大卫被害了,嘉拉利空着鞍子在奔跑!"他大声喊:"喂!大卫,你在哪儿呵?喂!起来呵,起来呵!"喊声是这样响亮,打山上直传进深坑,大卫听见喊声振作起来,用力一挣,挣出了深坑。

循着奥乾的喊声,大卫找到了伯父,"伯父你回去吧,我要去跟麦立克拼命啦!"说完大卫又骑上嘉拉利,向麦立克奔去。

这一回,平原上开始了真正的战斗,大卫跟麦立克商定了轮流动手,你先打我三下,我再打你三下。麦立克年长,大卫让他占先。

看呀,麦立克举起棍子打来了。
第一下:
大地吼着,好似公狗被打得叫唤。
好像在四十只牛拖着的犁下,

大地裂开了,又在变软!

灰尘云雾盖满了天地,——

这灰尘,这云雾,一天一夜都没有落地。

第二下:

大地吼着,好像狮子嚎叫,

裂开了的大地,好像豪雨在冲洗。

灰尘云雾盖满了天地,

连太阳光都给遮起。

两天两夜灰尘不能落地。

最末的一下:

好像春雷的响声下大地战栗着,

好像由于地震大地震的哗啦哗啦响着。

灰尘云雾盖满了天地,

连太阳光都给遮起。

三天三夜灰尘飘浮在天上落不下地。

每一下,麦立克都说着:"大卫,你曾经是黄土,现在我把你又化入土里!"可是,每一下,大卫都说:"我还活着,我还在这里!"

于是,轮到了大卫。麦立克心里害怕,求大卫用剑来代替棍棒,他又躲进一个地窖里,要别人在上面盖上四十张牛皮四十盘磨石。大卫骑着嘉拉利向地窖奔来,麦立克的母亲挡在马前,

"请把第一下给了我吧",大卫就把第一下给了麦立克的妈妈。第二下又被麦立克的姐姐要了去。就只剩下最后的第三下了。这一下,剑劈开了所有的磨石,切开了所有的牛皮,把麦立克一刀砍成两段。

麦立克在地窖里喊:"我还活着呢,大卫!"可是刚想站起来,就跌成两块。

大卫唱着:
"麦立克的妈妈呀!
回去吧。
我把密斯尔给你自去过日子!"
"麦立克的军队呀!
我给你们大家自由!
你们从哪里来,还回到哪里去。
你们回家去要像从前一样的好好过日子。"

大家向大卫道了谢又祝福,四面八方地走散回到自己的乡土,在那里他们传颂着大卫光荣的功绩,讲着大卫怎样完成了父亲的遗训,杀死了麦立克,解放了沙逊,怎样宽恕了麦立克的妈妈,又解放了替别人打仗的战士们。

刊于《开明少年》一九四六年第七期

白居易的《卖炭翁》

　　卖炭翁，伐薪烧炭南山中。满面灰尘烟火色，两鬓苍苍十指黑。卖炭得钱何所营？身上衣裳口中食。可怜身上衣正单，心忧炭贱愿天寒。夜来城外一尺雪，晓驾炭车辗冰辙。牛困人饥日已高，市南门外泥中歇。翩翩两骑来是谁？黄衣使者白衫儿。手把文书口称敕，回车叱牛牵向北。一车炭，千余斤，宫使驱将惜不得。半匹红纱一丈绫，系向牛头充炭直。

　　唐朝从中宗开始有了宫市。皇帝在宫里嫌冷静，拿钱给宫女们，要她们办了货在宫里开店铺，做买卖，宫里也要像外边一样有个市面。皇帝只是为了找点热闹，老百姓却受尽了苦。让我们来看看唐朝诗人白居易讲的这个故事。

　　卖炭的老头儿在南山里砍木头烧炭。脸上满是灰尘和煤烟，两鬓都白了，十个指头永远都是黑黑的。他烧炭卖钱为了什么呢？为的是身上要穿的，嘴里要吃的。可怜他身上穿着单衣，心里可希望天能冷一点儿，天要是不冷，炭就卖不出价钱啊！

　　夜里下了一场大雪，城外的雪积有一尺多深。老头儿想，这下我可以卖炭去了,第二天一早他就驾起炭车往城里赶。泥路上车轮碾成的车辙都结了冰,在这样的雪地里赶路可真难啊,好不容易来到南门外,牛乏了,人饿了,太阳也已经升得老高了。这时候有两个骑马的打那边来,挺威风,挺神气,他们是什么人呀?原来是穿黄衣服的皇帝派出来的当差的。他们身上穿着白布衫,手里拿着文书,口称这是奉皇帝的诏令,叫老头儿回转车身向北赶:一车炭有一千多斤重哪,叫宫里的人就这么收了去能不让人心疼吗。可是他们只在牛的头上系了半匹红纱和一丈绫子,用这些充不了饥、御不了寒的东西,来抵那些炭的价值。

老头儿辛辛苦苦烧的炭,就这样被强卖进宫市里去了。

这首诗是唐朝诗人白居易写的。白居易的诗大多数都很通俗,他认为故意修饰的词句反而会把诗给糟蹋了。那时候读书人都以为文学只有读书人才能享受,白居易却以为文学离不开人民,他就写通俗的诗。他成功了没有?成功了。乡学里、佛寺里、旅馆里,常常有人把他的诗写在墙壁上。老百姓、和尚、姑娘们,往往会唱他的诗。

大家欢迎白居易的诗,不只是他的诗容易懂,那时候老百姓受到的苦难,怀着的怨恨,他都在诗里写出来了,这才是人民喜欢他的诗的真正原因。

像《卖炭翁》这样的诗,白居易写过五十多首,除了一两首外,都是讽刺当时不合理的制度的。一首《折臂翁》,写一个老头儿年轻时候给军队拉去打仗,偷偷把手臂捶断了,使自己成为残废。一首《红线毯》，写宣州太守每年要给皇帝上贡，其中一条十多丈长的丝毯，每织一丈要用一千两丝，光这一条毯子，就要夺去多少人身上的衣服啊。一首《杜陵叟》，写一个荒年，皇帝免除农民的赋税，命令从上面传下来，等到传到村里，十家的赋税已经有九家给税吏收去了，大家空受皇上的恩典。还有一首《采诗官》，诗中说，秦朝以前有采访诗歌的官员，他们收集民间的歌谣，把老百姓的意思传给皇上。老百姓随意发表没有罪，皇上却可以凭借老百姓的意思来警诫自己。后来没有采访诗歌的官员了，皇上听到的尽是些大官们的颂扬，贪官污吏就此肆无忌惮了。诗中说：皇上呀皇上，要除掉贪官污吏，要不受人家蒙蔽，先听听民间歌谣里的讽刺话儿吧。这首诗正表明了白居易创作那些诗的宗旨。

  我们把一千多年前白居易的时代跟现在比比，像《卖炭翁》一样的事情依然有，贪官污吏依然有。现在许多文章也在写老百姓受到的苦难和怨恨，不同的是，现在的写文章的人不像早年的白居易那样，把希望寄托在皇上采纳老百姓的意见上了，而是希望和鼓励老百姓：我们自己的事情要靠我们自己来解决。

刊于《开明少年》 一九四六年第八期

高尔基的《海燕》

白蒙蒙的海面上,风儿在聚集着阴云。在阴云和大海之间,得意扬扬地掠过了海燕,好像深黑色的闪电。

一忽儿,翅膀点着了浪花,一忽儿,像箭似的冲进阴云,它叫着,而——在这鸟儿的勇猛的叫声里,阴云听见了欢乐。

这叫声里——有的是对于暴风雨的渴望!愤怒的力量,热情的火焰,以及对于胜利的确信,是阴云在这叫声里所听见的。

海鸥在暴风雨前哼着,——哼着,在海面上窜着,愿意把自己对于暴风雨的恐惧藏到海底里去。

潜水鸟也在哼着,——它们这些潜水鸟呵,够不上享受生活的战斗的快乐!轰击的雷声就把它们吓坏了。

蠢笨的企鹅,畏缩地在崖岸底下躲藏着肥胖的身体……只有高傲的海燕,勇敢地,自由自在地,在这泛着白沫的海上飞掠着。

阴云越来越暗,越来越低地落到海面上来了,波浪在唱着,在冲上去,迎着高处的雷声。

雷响着。波浪在愤怒的白沫里吼着,和风儿争论着,看吧,风儿抓住了一群波浪,紧紧地抱住了,恶狠狠地一摔,扔在崖岸上,把这大块的翡翠石砸成了尘雾和水沫。

海燕叫着,飞掠过去,好像深黑色的闪电,箭似的射穿那阴云,用翅膀刮起那浪花的泡沫。

看吧,它飞舞着,像天魔似的——高傲的,深黑色的,暴风雨的天魔,——它在笑,又在吼叫……它笑那阴云,它欢乐得吼叫!

在雷声的震怒里,它这敏感的天魔——早就听见了疲乏;它确信,阴云是遮不住太阳的,是的,遮不住的!

风吼着……雷响着……

一堆堆的阴云好像深蓝的火焰,在这无底的海的头上浮动。海在抓住闪电的光芒,把它熄灭在自己的深渊里。好像火蛇似的,在海里游动着,消逝了,这些闪电的影子。

——暴风雨!暴风雨快要来了!

那是勇猛的海燕,在闪电中间,在怒吼的海的头上,得意扬扬地飞掠着;这胜利的预言家叫着:

——让暴风雨来得更猛烈些吧!

二十九年前(一九七一年十一月七日),俄国人民推翻了沙皇俄国,建立了一个人民自己的国家。沙皇政府是地主、资本家、贪官污吏的集团,人民不愿意受他们的剥削和欺压,所以要推翻沙皇政府。可这不是件轻而易举的事,人民愈是反抗他们,他们对人民的压迫也愈加厉害。他们刺探人民,逮捕人民,杀害人民,他们想用暴力来维持沙皇政府的政权。因此在革命成功的前夕，俄国人民过着极其黑暗的日子。那种黑暗正像暴风雨前的阴霾，人民与沙皇政府的斗争就像暴风雨一样是一定要爆发的。结果，胜利一定属于人民，光明灿烂的日子就在前面，因为"阴云是遮不住太阳的"。在革命成功的前夕，高尔基写下了《海燕》。

海燕是一种跟燕子相像的鸟。每逢暴风雨来时，它们就会出现在海面上，迎着风浪，自由自在地飞着。它们不像海鸥、潜水鸟那样懦弱，害怕暴风雨；也不像企鹅那样躲藏起来。

高尔基歌颂海燕，歌颂海燕的勇敢。"风儿在聚集着阴云"，暴风雨是一定要来的。但是风雨不会长久，那么勇敢地迎着暴风雨吧！

这正像勇敢的人一样。反革命的势力在伸张，一场反对反革命的斗争就要爆发了。在激烈的斗争之后，一定会是光明灿烂的日子，那么就让斗争快点儿来吧。

高尔基说，只有海燕才配享受风雨过后的太阳。人也一样，只有勇敢地跟恶势力斗争的，才配得上过光明灿烂的日子。

"让暴风雨来得更猛烈些吧！"海燕这样叫着，它不是喜爱暴风雨，而是遥望着阴云后面的太阳。勇敢的人参加反对专制的斗争，也是渴望着黑暗后面的光明。他们在伟大的时代里，像海燕一样欢乐而骄傲地做人，他们带着"愤怒的力量，热情的火焰，以及对于胜利的确信"喊："让斗争来得更厉害些吧！"

这篇《海燕》是散文诗,是用散文的形式写下了诗的意境。译文出于萧三先生之手。

刊于《开明少年》一九四六年第十二期

臧克家的《孩子·爸爸·爷爷》

这回我们要介绍三首关于农民的诗,这三首诗都是臧克家先生的作品,收在他的新诗集《泥土的歌》中。

第一首题目是《三代》:

孩子

在土里洗澡;

爸爸

在土里流汗;

爷爷

在土里葬埋。

在乡下,孩子是没人照看的,尽他们在土里打滚。他们的爸爸忙着在田里做活,汗水滴在土里。他们的爷爷早已流尽了一生的汗,埋葬在土里了。别以为这首诗写的是祖孙三代,它告诉了我们每一个农民的一生:做孩子的时候,在土里打滚;长大了,在土里流汗;做到爷爷的时候,辛劳催着把他埋葬进土里。上一代如此,这一代如此,下一代还是如此。

在第二首题为《失了时效的合同》这首诗里,臧先生说得更加明白。

> 不用说起坟的几尺土。
> 儿子拾起了那份生活,
> 仍旧走着旧路;
> 孩子还是个孩童,
> 已经学着放牛割草;
> 一代一代的传下去,
> "辛劳"是传家之宝。
> 是前世在生命的合同上画过押?
> 就是那样,
> 那份合同也早该撕掉。

爷爷苦了一辈子,死了就只用薄薄的一层土盖着。爸爸把爷爷留下的生活捡起来搁在自己的肩上,他得照样苦一辈子,他走着爷爷的老路。孩子还是个娃儿哩,已经担当起活路了——他放牛割草。日后他还得捡起他爸爸留下来的那份生活,照样苦一辈子,走着他爸爸他爷爷的老路。他们一代一代地传下去,只有"辛劳"是他们的传家之宝。本来要不是他们忍得苦,耐得劳,他们早就活不下去了。这是前生注定的命运吗?难道他们在生下来之前就画了押，答应要受一辈子苦吗？假使真的有这份画过押的合同，也早该把它撕毁了，因为时代已经改变了。

既然时代已经改变了，那么现在应该是个什么样呢？在第三首题为《生活的图式》的诗里，臧先生跟农民们说：

不要说，
这生活的图式
是从祖先留传下来的，
不要说，
在祖父手里
就是这个样子
在父亲手里
就是这个样子；
凭你自己的手
把它翻新一下吧，
叫你的子孙说：
从我父亲起，
从我祖父起，
生活就是这个样子。
因为，你的祖父，
已经过去了，
你的父亲，

已经过去了,

二十世纪却是你们的。

在这首诗里臧先生说:不要以为祖上传下来的生活方式是改变不了的,不要说你们的爸爸,你们的爷爷都是这么过过来的。你们应该把生活方式彻底改变过来。你们的爸爸,你们的爷爷都是过去的人了,可是二十世纪却是你们自己的。你们应该为你们自己,为你们的子孙,把生活方式彻底改变过来。

刊于《开明少年》一九四六年第十五期

给沙皇杀害的人民诗人普希金

这里我们要讲一个故事：皇帝是怎样杀掉诗人的。

一百多年前，现在的苏联那时候还是帝俄，还有一个沙皇，现在苏联自由自在的老百姓，那时候还是沙皇、贵族和地主老爷们的奴隶。

那时候的帝俄有一种制度叫农奴制。地主手里的农民，就像地主家的牛马一样。农民天天耕地，种出东西来是地主的。农民天天做工，做出东西来是地主的。为什么？哈，还问为什么，原来就连农民自己也是地主的，地主要他活他就活着，地主要他死就拿来杀了，要打要骂更是随地主的高兴。

那时候帝俄的政体叫专制政体。我们可以这样说，地主就是自己土地上的一个小沙；倒过来，沙皇就是整个俄国的一个大地主。沙皇一个人就霸占了全俄国所有人的自由。沙皇的意思就是法律，沙皇的意思就是天经地义。

在那样的国家里，老百姓会满意吗？

自然不会满意。

普希金就是一个对这样的国家极其不满意的诗人。他在诗里写道：

> 动摇吧，发抖吧，世上的暴君们！
> 可是听呀，给压倒了的奴隶们，
> 鼓起勇气，站起来呀！

在他的诗里写到的农村是这样的：

> 在（农家）门口有两种脚印，
> 一边是劳动者枯瘦的脚印。
> 一边是地主的肥满的脚印。
> 此地的奴隶，在领主残酷的桎梏下，
> 饥饿，憔悴，贫困，只是奄奄一息。
> 这些人担负着种种的苦痛，
> 已经接近死亡，
> 一半踏入荒野的坟场。
> 脸上没有了笑，
> 虽然还麻木地期待着恩惠与赐赏。
> 啊，奴隶，朋友，
> 一切在惨苦中受罪的人民，
> 不要堕落，
> 妄想恩惠于暴戾的帝王，

在自己的祖国里，
努力自由独立的运动求解放。
启蒙，开花，普及教育，
到最后要像北极光的虹，灿烂，美丽！

在当时的帝俄，有很多人喜欢普希金的诗，那些反对专制反对农奴制的革命党人更加喜欢，有上千万只手在抄写着这些诗，这些诗在大家手里传来传去。

但是，有一个永远不变的道理：被压迫者欢迎的东西，一定是压迫者顶顶怕又顶顶恨的东西。

所以普希金惹怒了沙皇政府，地方上的总督把他找了去。

"我要派人去搜查你的屋子，搜查你那些讽刺沙皇讽刺政府的诗。"总督说。

"所有被禁的诗稿统统烧掉了。"普希金说。随后他就向总督要了纸要了笔，把总督想要知道的诗一个字一个字地写了出来。对着沙皇的大官，他勇敢地写着那些讽刺沙皇讽刺政府的诗。

后来普希金被沙皇流放了。

那么普希金就不写诗了吗？不，他从这个地方被流放到那个地方，他就从这个地方写到那个地方。

他写了一本小说叫《甲必丹（炮台司令）的女儿》（现译作《上尉的女儿》），里面写着俄罗斯官员对边境上的别的种族的人非常残酷。他又赞美一个反叛俄罗斯的领袖，把他写得非常英勇,非常豪爽。

他还写过一本小说叫《郭路亨诺村的历史》(现译作《戈琉辛诺村源流考》),里面写一个村子是怎样让地主们给弄贫穷了的。

他还写了许多诗,许多要自由的诗。

这时候,前面说到的那个沙皇已经死了,另一个沙皇继承了王位。但是这有什么分别呢?同在一个槽里喝水的总是同样的东西。于是普希金的作品受到了更严格的检查。普希金四周有密探跟着,成天打听着他的行动。

有一天,普希金碰到一个军官,那个军官故意侮辱他,还向他挑战。谁甘心受气呢,普希金答应和那个军官决斗。

那天是一百一十年前的二月八日。天在下雪,两个人站好了,那个卑怯的军官先开枪。普希金被击中了,没过两天就死了。

这是怎么回事呢?原来那个军官是受了沙皇的指使,是沙皇借别人的手杀了普希金。

这就是沙皇杀害诗人普希金的故事。

但是普希金没有死。他的诗,他的散文,他的小说,至今受到人们的真心热爱。所以我们说:"普希金活在人们的嘴唇上。"

刊于《开明少年》一九四七年第十九期

鲁藜的《野花》

野花生长在荆棘里
好像理想活跃在监狱里

在河边,我们走
崖上野花向我们点头

望着野花
我们不再怕艰难的道路

野花要结实
我们的理想就要开花

　　在冬天,北风吹得很紧,太阳不带一点儿热气,天色是迷迷糊糊的一片。一眼望去,什么东西都是畏畏缩缩的,好像怕被冻死似的。这个时候人们大多会想到春天。
　　怎么个想法呢?

有人想到暖和的春天，就会想到在春天里发生的一些琐琐碎碎的小事情，譬如：那一天跟大家围在一起摘荠菜，那一天谁在街上买了一枝桃花回来。就像翻开一本旧了的日记，引起了很多感慨。拿现在来跟那时候做比较，真的太不一样了。那时候多好，现在怎么这样了呢……

可是有人却想象着一个不同的春天，觉得就是光秃秃的树干，就是贴在地上的草根，也是有活气的。英国诗人雪莱写过一句有名的诗说："冬天来了，春天还会远吗？"

任何时候，碰到任何事情，都会有悲观和乐观两种想法，像两匹背对背的马，各自按各自的方向跑。一个沿路看到的是伤感，一个沿路看到的是希望。

野花长在荆棘里，看起来是一件不幸的事儿。有多不幸呢？花是细致的，瘦小的，漂亮的。荆棘会刺坏了花，荆棘会把花挡住不让它长高，不让它开放。野花长的太不是地方了。

可是野花长在荆棘里，看了也能让人高兴。在这么个不宜于开花的地方，野花居然开了，居然也红的黄的连成一片，显出无限的生机。它们好像什么也不怕，什么也不在乎。我要生长，我要开花，就不管你是草地也好，荆棘丛也罢。

这个世界在进步，日子要一天天过下去，要一天比一天过得更好，一天比一天过得更有意义，不是过一天算一天，我们赞成乐观。悲观的是停在半路上，回头望望，叹气，朝前望望，摇头。乐观的就一直往前面走着，不管是平路也好，高高低低的路也好,满是荆棘的路也好,他相信准能走得到。

这就是一首鼓励我们不断往前走的诗。

在诗里诗人拿野花比作理想,拿荆棘比作压制理想、阻挠理想的监牢,拿野花在荆棘里生长,比作人们抱着理想在颠颠簸簸的路上往前走。野花能在荆棘里开花结果,理想为什么不能实现呢,道理就这样明明白白地摆在这儿。

我们喜欢这首诗,因为这首诗像一个年轻力壮的人,精神十足地沿路唱着。非常有信心,非常勇敢。他唱得挺简单,挺朴实,这里有着好些天真的味道,有时候"天真"就跟"有希望"是一个意思。

写这首诗的是鲁藜,他常在《七月》跟《希望》上发表诗作。这一首是从他的《醒来的时候》中抄下来的。

刊于《开明少年》一九四八年第三十一期

吴越的《四等车》

四等车拖挂着一身的骨骼,
疲倦地摇晃着磕里磕托,
他一路捱靠到每个小站,
留下一些穷骨头又捡起一些带着。

在每个小站上他谦卑地等待,
苦闷地喘息,小心地忍耐,
等那些阔气的骄傲地过了,
又舒一舒僵木的关节一步步移开。

  你就是没有坐过"四等车",一定也看见过吧,四等车原本就不是准备给"人""坐"的,因为车厢里根本没有凳子,更谈不到有靠背的沙发和闪光的金丝绒椅套了。它们只有也算是"车厢"的铁壳——铁的地板,铁的顶,铁的四壁,油漆已经剥落了,"一身骨骼"几乎完全裸露出来了。这首诗写的就是我们上面说的这种四等车。

四等车跟牢房没有两样。（牢房还有一个让人憧憬自由的窗口，它们却连窗口都没有啊！）那本来是用来装载畜生，装载没有生命的木柴和煤炭的。铁板上还残留着猪屎、牛尿和煤屑。和四等车同样褴褛的"穷骨头"们，就跟畜生和货物一样，被挤挤挨挨地装到了里面。车里大人们诅咒，孩子们啼哭。他们互相磕撞着，随着车的行进摇晃着，疲倦了就打起瞌睡来。而四等车也同样地"疲倦地摇晃着磕里磕托"，磕里磕托……

科学家发明家自豪地说："我们使空间缩短了！我们使每秒钟的时间都变成了黄金！"不错，坐"金陵号""钱塘号""凯旋号"特快车飞快车的那些阔气旅客会告诉你，从前坐轿子坐船走三四天的旅程，现在只要三四个钟头就可以到了。一个电话打出去，车票就会送上门来；早晨还睡觉在被窝里，梦到西湖景色是如何撩人，不到中午，人已经沉醉在她的怀抱中了。科学发明真是值得歌颂！但是对于四等车的乘客，时间和他们的生命一样可以随便浪费。"他（四等车）一路捱靠到每个小站"——荒凉的小站，寂寞的小站，特快车，飞快车不屑一顾的小站，四等车都得一个不漏地走遍。

小站上，没有小贩在热情地叫卖"火热包子""茶叶蛋""麻姑豆腐干"，那些食品的雇主不是四等车的旅客；也没有发亮的眼珠和含笑的面庞在迎接他们。这里的人默默地上上下下，好像全不是出于自主的，好像是被这铁的蜈蚣样的怪物吞吐着，不得不进出一样。这就是那些被"留下一些……又捡起一些带着"的四等车的旅客。他们来自破了产的农村，到都市里去求生，又被挤在了生产部门之外，就是侥幸得到仅够糊口的"职业"，还得把腰带束紧，省下一点"积蓄"，带回去喂养被榨干了的土地和家人。

这样一幅悲凉的图画，这样一副郁结的心情，前四句诗就把四等车形象化了。我们在诵读的时候，不由得会感觉到，有一种深陷到骨髓里的疲倦，郁结在心头里的痛苦，随着诗中每一个音节和章句，"磕里磕托"被拉了出来。诗句中"骨""骼""磕""托""着"这几个粗浊滞重的音，更增加了这种感觉，强调了这种情调，使我们仿佛身临其境，在四等车中疲惫地摇晃着，磕里磕托，磕里磕托……

下面还有四句，少年读者们可以自己去领味。你不妨闭着眼睛想一下，最好去试着坐一次这样的四等车，你就会体验到什么叫作"谦卑地等待"，"苦闷地喘息"，"小心地忍耐"。这是四等车的灵魂——坐四等车的人们在受磨难，受煎熬。那"舒一舒僵木的关节"的滋味，也只有在长时期地谦卑地忍耐之后才会真切地体会得到。

这首诗是从《创造诗丛》吴越作的《最后的星》中选出来的。

刊于《开明少年》一九四八年第三十二期

涅克拉索夫的《盐之歌》

除了上帝，没有人
能够救我的孩子：
他快要死了，
我的小小的孩子……

我给他一块面包——
他就看了一看，
他对我喊到，
"请你加一点儿盐。"

我没有什么盐——
简直一点儿也没有，
"试一下，"上帝说，
"一点粉也许能够……"

他尝了一尝，

第二次,他又尝了;
"这不够,太少了,
盐还得多。"他叫。

再给加上一点儿粉……
我的眼泪直往下流,
一直流上了面包——
他就好好地吃下!

母亲微微地笑了,
又骄傲又欢喜:
她的眼泪那么咸,
竟救了她的孩子。

  俄国作家陀思妥耶夫斯基在临刑前得到了赦免令,后来他写了一封信给他的弟弟,写他临刑前的情形:"弟弟,(那时候)我想念你,我想念你家里的人;在最后的一分钟,我的心上只有你,只有你一个人,那时候我才明白,我是多么地爱你!"
  只要一句话就够了。一句话表现出了他平时对弟弟所有的爱心。
  感情本来是这样的,平常你爱着,恨着,希望着的一切,就像在河床里平平稳稳流着的水一样,看不出它有多大的力量。它缓缓地冲走了河堤旁的沙泥，缓缓地磨光了突出在河面上的石头。但是在一个时候，你只见它平平稳稳地流着，缓慢的，缓慢的……

在乡下我跟一些庄稼人捉过鱼。水浅的时候，我们在河里筑起了一道一道土坝，把水弄干了，用竹编的虾耙兜着河底捉鱼。有一回土坝那头的水涨高了，第一道土坝像一条绳子似的晃了几晃就塌了。马上一道一道的土坝全都塌了。我们简直来不及爬上岸去，水就浸到了腰间。

感情就跟这一样。在一些特殊的情形里，表现得会比平常更清楚，更强烈。于是陀思托耶夫斯基在临刑的前一分钟才明白，他是多么爱他的弟弟。而我国的诗人鲁藜，在一些同志离开他过后，才会写出："你们走了/好像在冰冷的冬夜/从我们身边/移去了火盆"这样的诗句。

以一个第三者看来，这样的情景也很令人感动。

所有的母亲都爱自己的孩子。涅克拉索夫写过一段诗，说一只母狼在雪地里拼了性命去拖一只羊羔，为的是要去喂饱它的孩子。在上面这首平淡的诗里，母亲的爱就表现得更强烈。要吃一点儿盐是病着的孩子的唯一的希望，可是盐在当时俄国的乡下是一件非常珍贵的东西，家里一点也没有。这时候母亲的眼泪会比平时更加悲痛，这时候母亲会比平时更为孩子伤心。

这是一个极简单的故事。母亲拿面粉来哄孩子。孩子天真，居然相信了，只是说："这不够，太少了，/盐还得多。"于是母亲为了这没有咸味的盐，流下了伤心的眼泪。没想到这眼泪是咸的，孩子把浸湿了眼泪的面包好好地吞了下去——浸了泪水的面包救了孩子。我们不禁会联想到，孩子能长这么大，他吞下去的每一口面包里，是不是也都混着母亲的眼泪呢？

我们爱母亲，更爱母亲对孩子的爱。

这首诗是俄国诗人涅克拉索夫的长诗《在俄罗斯最快活和自由》当中的一段，但是也可以单独成立，是由孙用翻译的。全诗刊载在战前出版的《译文》第一卷第四期上。

刊于《开明少年》一九四八年第三十三期

程边的《雷雨颂》

> 我经过雷霆时,不禁欢笑。
>
> ——雪莱《云之歌》

一

在这边
一切的峰巅
在凝望你
一切的树林
在召唤你
一切的道路
在倾听你的足音
河流在寻找你
平原在期待你
池沼的眼睛
都要望穿了

山泉的泪水
都要干枯了
这边的土地
有多少苦难
要向你倾诉
这边的乡村
有多少爱情
要向你倾诉……

你终于来了
今夜，你来得好呵

二

你终于来了

跨过浊流的河水
跨过封锁的道路
跨过群山和平原
来到这边的土地上

在夜色正浓的时候

在山峰凝望得疲倦的时候
在树林呼唤得声嘶的时候
你从远方轰然而来
带着强烈的光亮
带着霹雳的巨响
多么豪迈呵
你超越一切之上
君临这苦难的土地

三

好黑的夜
好恐怖的夜

狼群在山林里嚎叫
狐狸走出了洞穴
狗在山野里狂吠
树枝上，猫头鹰在狞笑

一切良善灵魂
倔强的，隐没在山林里
怯弱的，蜷伏在屈辱的村庄

村庄里进行着谋害

山林里进行着残酷的斗争

村庄，期待着你的拯救

山林，期待着你的援手

在夜色正浓的时候

在刀尖触到怯弱者头颈的时候

在倔强者战斗得最惨烈的时候

你打着鲜明的旗帜

吹起响亮的号角

你的强大的兵团

不可阻遏地超越了一切

你从远方奔驰而来

今夜，你来得好呵

　　　　四

闪电，是旗帜

雷霆，是号角

雨的兵团

在前进

闪电

打下来，打下来

让枯死的树，也燃烧

让腐朽的草

在死前的一瞬

也看到你的光亮

雷霆

轰下来，轰下来

让蜷伏的生命醒来

让沉睡的灵魂醒来

雨水

尽情地倾注吧

让干枯的山泉复活

让瀑布奔流得更豪放

让河流泛滥成海洋

让土地来一次

痛快的翻身

打下来

照亮那些狼群的影子

轰下来

就在洞口把野兽们击毙

尽情地倾注吧

冲去这丑恶的尸体

洗清这血污的土地

你的旗帜更多啦

树林都扯起了旗帜

你的号角更响啦

群山都回响着你的声音

你的兵团更壮大啦

山泉也奔过来啦

纵横的河流

都奔过来啦

你的弟兄们会合啦

野兽们狼狈地奔窜啦

跨过去，跨过去

迅速地前进

在黎明快要到来的时候

向溃败的夜追击！

在这沉闷的时代，在这窒息的土地上。人们迫切地需要着声音和力量，正如婴儿需要乳汁，龟裂的田地需要暴雨。

这是一首雷雨的颂歌，它描写这一片饥渴的土地，对雷雨的期待和雷雨降临时的情景。作者用这样的诗篇，来象征苦难的人们对好日子的渴望，而且他们终于达到了心愿。

"我经过雷霆时，不禁欢笑。"

作者在标题下引了这有力的诗句作为引子。

全诗分成四段：

第一段，他给我们的是一幅沉闷的图画，一切的一切，都在虔诚地期待着："池沼的眼睛／都要望穿了／山泉的泪水／都要干枯了"。作者用这两句诗句，生动地刻画出这奄奄一息的大地，这段的末了一句"你终于来了"，引来了希望。

第二段一开头，重复着这句诗句："你终于来了"，这里有突如其来的兴奋，有挂着泪珠的笑脸，有快要绝望而又得救的灵魂。他们热烈地迎接那"从远方轰然而来"的，"带着强烈的光亮"的，"带着霹雳的巨响"而来到这苦难的土地上的——雷雨。

第三段里，诗人悲壮地唱着：让那些凶暴的，残酷的去叫嚣吧，去打哆嗦吧！"在刀尖触到怯弱者头颈的时候"，"在倔强者战斗得最惨烈的时候"，一切善良的灵魂都站起来拥抱着从"远方奔驰而来"的救星！

"今夜，你来得好呵"。

这不是感叹，这是欢呼！

第四段，诗句把我们的情绪带进高潮，"闪电，是旗帜/雷霆，是号角/雨的兵团/在前进"。这些句子有力量，有形象，有声音，使我们看到，听到，感觉到这支声势浩大的军队，轰轰烈烈的，浩浩荡荡的，开来了，把一切丑恶的扫荡，使一切善良的复活，新生。

"旗帜更多啦"，"号角更响啦"，"兵团更壮大啦"，于是在一阵惊天动地的混乱后，这股巨大的声音汇成一支雄壮的进行曲，有力地和着节奏"跨过去，跨过去"，"在黎明快要到来的时候/向溃败的夜追击！"

这是一首非常有力的诗篇，有着雄厚的气魄，使人不得不从头到尾一口气念完它。那些有力而动人的诗句，像一股巨大的音流响彻心底。使人兴奋，舒畅；让人觉得有希望，有信心。

这首诗是从《诗创造》第四辑《饥饿的银河》中选出来的。

刊于《开明少年》一九四八年第三十七期

苏家蕙的《寄朝鲜母亲们》

咱们生过孩子的人
说起话来最知心
当娘的还有什么更高兴
只要孩子平平安安
长得又壮又俊
你们说,是吗
朝鲜的母亲——我的姐妹们

我是一个中国的母亲
我有两个漂亮的孩子
大的已经为祖国服务
小的刚戴上一条红领巾
有一天,大儿回家告诉我
"娘,今天我就要离开你
到朝鲜去,去当志愿军
那里,

美国兵把娃娃挑在刀尖上
他们哈哈大笑
又去踩躏眼睁睁的母亲……"
我说:"孩子快去吧
不要怕我难过,你知道
我是一个明白人!"

朝鲜的母亲——我的姐妹们
你们看见了我的孩子吗
听说你们也拿起了枪
和他一同消灭敌人
还听说,你们腾给他热炕
给他熬北瓜
把藏了多年的蜂蜜
也送给他们

好吧,姐妹们
无论在战场上或者热炕上
你们都不要见外
告诉他,你们和我
都是他的母亲
教导他,子弹射准敌人

哦，还要告诉你们
昨天，我的小儿放学回家
翻箱倒柜，
要他新做的棉衣
他说，送给朝鲜弟弟
这时，我倒忍不住要落泪
你们孩子的小手
一定冻得像条红萝卜
娇嫩的小手呵
受委屈了……
转眼看看我的小儿
他是一个机灵孩子
拿起衣裳，
话也不说就跳走了

朝鲜的母亲——我的姐妹们
等你们收到了棉衣
快给孩子穿到身上
告诉他，中国也有他的母亲

咱们生过孩子的人
说起话来最知心

当娘的还有什么更高兴

只要孩子平平安安

长得又壮又俊

你们说,是吗

朝鲜的母亲——我的姐妹们

这首诗是一封信——一位中国母亲写给朝鲜母亲们的信。母亲都钟爱自己的孩子。母亲们最高兴的事,就是看自己的孩子好好儿长大。因此,母亲们谈起话来最知心,尤其是在谈起各自的孩子的时候。

这位中国的母亲有两个漂亮的孩子。大的已经在为祖国服务,小的刚入少先队。这是多么值得骄傲的呀,在这封信里,她跟朝鲜的母亲们谈起她的两个孩子。

这位中国的母亲说:她的大孩子离开了她,参加志愿军到朝鲜去了。为什么要去呢?因为美国兵在糟蹋朝鲜的母亲们,在残杀朝鲜母亲们的孩子。母亲赞成他去。她说:"孩子快去吧/不要怕我难过,你知道/我是一个明白人!"——难过是做母亲的不能免的,但是母亲是明白人——她不能让朝鲜的母亲们,眼睁睁地看着她们的孩子被美国兵屠杀。

大孩子去了,母亲当然时刻在想念他,时刻留意着从朝鲜传来的消息。她听说,朝鲜的母亲们为了保卫她们的孩子,亲自拿了枪在抵抗敌人。又听说,朝鲜的母亲们像接待儿子一样地接待中国人民志愿军。她的孩子一定跟朝鲜的母亲们在战场上并肩作战，一定也受到了朝鲜的母亲们体贴的照料。有朝鲜的母亲们在一起，就跟她自己在孩子的身边一样，她再没有什么不放心的。但是她还要请朝鲜的母亲们随时随地教导她的孩子，要他把子弹射准敌人。

跟着，这位母亲又说起她的小孩子。她的小孩子回家来找他的新棉衣，要去送给朝鲜的弟弟。想着朝鲜孩子们的小手冻得像红萝卜似的，母亲忍不住落下眼泪来了。她要朝鲜的母亲们收到了棉衣给孩子穿上身的时候，告诉她们的孩子，在中国也有他们的母亲。中国的母亲也钟爱他们，要他们好好儿长大。

真正爱自己的孩子的人，一定爱所有的孩子们。

末了又把开头重复一遍：母亲都钟爱自己的孩子，都盼望自己的孩子好好儿长大。不是吗？即使在资本主义国家里，也是一样——在英国，母亲们推了孩子的坐车到首相府去呼吁和平；在美国，母亲们在要求她们的孩子们退出朝鲜。今天，她们为自己的孩子斗争。将来，她们会明白，她们的斗争事业是跟全世界的解放斗争血肉相连的，她们会为了全世界的孩子们奋斗。

少年朋友们，我们是母亲的希望。我们要好好儿长大——好好儿学习，好好儿锻炼自己；更重要的是，我们要下决心，为建设和平美好的将来而努力，只有这样，才可以使所有的母亲们永远不再为她们的孩子担心。我们爱我们的母亲，我们爱所有的母亲们。

刊于《开明少年》一九五一年第六十七期

希克梅特的《我的心》

不，我的心不在这里，医生，不在这里……
它在那黄河边上，那里挺进着中国的士兵，
无数的中国的士兵，唱着歌曲
手拿着枪。

不，我的心不在这里，医生，不在这里……
它在那照着血色月光的地方，
那里刽子手们创造着黑暗的罪行，
对付那为了祖国的荣誉和自由
起来奋斗的希腊青年。

不，我的心不在这里，医生，不在这里……
当着夜间，囚徒在梦中呻吟，
哨兵的脚步声静止下来的时辰，
我的心跳动在我的屋子里，
这古老的屋子坐落在伊斯坦堡的边境，

那里日日夜夜

期待着我的消息。

不，我的心不在这里，医生，不在这里……

我在牢狱里十年。我对人民能有什么帮助？

我在牢狱里十年。我还会有什么呢？

我只有一颗心，可以把它

交给那些一天比一天

无法生活的人们。

这是怎么回事儿，医生，

硬化，恶臭，尼古丁？

你的诊断不行。你也不会

减轻这疾病。太多的原因

使我的心到如今发着痛。

我给你倾诉一切。我只要再补充一句话：

世界上有一颗明星，它散发着光辉，

当它的光透过牢笼照明窗户，

我的胸部就呼吸轻松

我的心也不再疼痛。

一九五〇年十一月二十二日,世界保卫和平大会常设委员会所设立的国际和平奖金评议委员会,公布了获得一九五〇年和平奖金与和平奖章的文学家和艺术家的名单。其中有一位是土耳其的民主诗人,名字叫拿瑞姆·希克梅特。

拿瑞姆·希克梅特生于一九〇二年。他一生坚持反法西斯斗争,是一个为祖国的自由民主而奋斗的爱国诗人。他接受了马克思主义;到过苏联,在莫斯科研究文学、社会学和政治经济学。在那里,他见到了苏联的伟大诗人玛雅柯夫斯基,玛雅柯夫斯基的诗给了他很大的影响。

一九二五年他回到了土耳其,但是他一踏上祖国的土地,就成了反动政府缉捕的对象,不久就被警察逮捕了。

一九三八年,因为在土耳其军官学校学生们的箱子里藏着这位诗人的诗集,希克梅特被诬告为"军事叛乱的煽动者"。反动政府的陆军军事法庭判了他十五年的徒刑;海军军事法庭又判决他二十年徒刑。后来陆海军合起来判决,希克梅特必须被单独监禁二十年零四个月。

法西斯的土耳其反动政府,想用监禁来制服这位伟大的爱国诗人,但是他们失败了。希克梅特虽然被监禁在恐怖和黑暗的监狱里,但是他看到的却是一片光明。他用他那枪杆一样的笔继续写诗,用不同的笔名来发表。他一点儿也不孤独,一点儿也不寂寞,他的心跟世界上一切爱好和平争取民主的人民紧紧联系在一起,他用他的热情来支持世界上一切为求得解放而斗争的被压迫的人民。

一九四八年，希克梅特突然被送到监狱的医院里。医生说他有心脏病，要给他治疗。可是到了一九五〇年，希克梅特真的有病了，要求出狱医治，反动政府却拒绝了他的要求，于是诗人宣布绝食。世界各国人民都关怀希克梅特的健康，全世界进步人士提出了愤怒的抗议，要求释放诗人出狱。土耳其的反动统治者受不住全世界人民正义的压力，终于在一九五〇年七月把希克梅特释放出狱。这是世界和平民主阵营的伟大胜利。

少年朋友们，希克梅特是伟大的为人类自由而奋斗的歌手，也是我们中国人民的好朋友。他的诗好，他的心更好，你读一读上面这首诗吧。

这首诗是希克梅特在监狱里写的。那是一九四八年，他已经在黑暗的监狱里住了十年了。忽然，土耳其的狱长们说他有心脏病，把他送到了监狱医院里去，要给他治疗。少年朋友们，你们想想，这是一套什么把戏！我们的诗人愤怒了，他写了这一首诗，他说明了他的意志，说明了他真正的"心病"，也指出了医治他的"心病"的最有效的药剂。对于这一首诗，我想提出几点意思和少年朋友们谈一谈，也许能帮助你们多了解一点儿诗的意思。

第一，诗人的心联系着人民的心。

这首诗，你读了两三遍之后，一定会感到有一种感情，热烘烘的，把你的心包围起来。你好像走进了一间温度极高的房子，又舒服又兴奋。你的心也不由地热烈紧张地跳动起来。这是什么感情？是一种伟大的高尚的爱，是一个革命的诗人对全世界被压迫的人民的爱。一九四八年，中国人民在进行着解放战争，正和美帝国主义所支持的蒋介石进行着残酷的斗争。诗人关注着我们中国人民，他歌唱道：

不，我的心不在这里，医生，不在这里……
它在那黄河边上，那里挺进着中国的士兵，
无数的中国的士兵，唱着歌曲
手拿着枪。

你看，他是多么挂念我们正在斗争中的中国人民啊！他天天想着黄河，黄河是中国的象征，想着那些挺进着的士兵。他在等待，等待中国人民解放军的胜利，并且他相信胜利一定会到来的。是的，我们的诗人，你所关切的中国人民在毛主席的领导下，真的从"黄河边上"一步一步地粉碎了反动的美蒋匪帮。中国人民今天已经建立了自己的国家，还帮助朝鲜兄弟击败了美帝国主义，赢得了世界性的胜利。在这时候，我们念到了希克梅特这首诗的第一节，该是多么感激这位伟大诗人对我们的关切啊！我们怎么能不挂念这位诗人的健康和平安呢？我们中国人民有这样的诗人做朋友，有这样的诗人在关心着我们，我们是可以骄傲的，正因为这样，我们应该怎样地努力工作，努力学习，来答谢我们朋友的期望？

诗人希克梅特也关心着希腊的人民,他歌唱他的心,是在——

……那照着血色月光的地方,
那里刽子手们创造着黑暗的罪行,
对付那为了祖国的荣誉和自由
起来奋斗的希腊青年。

到今天(一九五一年),希腊人民还在坚持对法西斯分子的斗争,还在冒着"刽子手们"所创造的"黑暗的罪行"进行着残酷的战斗。希腊人民读到这几句,他们该多么兴奋!有这位伟大的诗人站在他们一边,他们一定会更加努力,他们对胜利的信心一定会更加坚定。

希克梅特还关心着祖国的人民,怀念家园的乡土。他知道他的同胞们所受的压迫,他了解人民的苦痛,他知道人民对他的要求。于是他更坚强地斗争下去,即使是在监狱里,也不向反动的统治者低头。

希克梅特是他自己祖国人民的斗争的先锋。他爱他的祖国,爱他的同胞,他不能坐视反动派的猖獗而不说话!他说了,他唱了,土耳其的人民都听到了。他们的诗人就在他们中间,和他们一起斗争。希克梅特是中国人民的朋友,是希腊人民的朋友,也是世界上一切被压迫的人民的朋友。因此他在监狱里还继续奋斗，把自己的一切贡献给人类的解放事业！

第二，诗人的理想正是人民的理想。

希克梅特的奋斗是有着正确的方向的，是有着崇高的目标的，因为他怀有伟大的理想。他同情一切被压迫的人民，他深深地了解他们的痛苦，他唱道："太多的原因/使我的心到如今发着痛。""太多的原因"使他心痛，少年朋友们，回想一下日寇给咱们的，蒋介石给咱们的，美帝国主义给咱们的一切的痛苦吧。那所有的痛苦，正是使希克梅特心痛的原因。

但是我们的诗人并不是只觉得心痛就算了，也不只是说"我只有一颗心，可以把它/交给那些一天比一天/无法生活的人们"就算了。他在监狱里抗议一切对人民的迫害，他呼吁一切人民所要求的民主，他歌唱自由，他诅咒黑暗。在那阴暗的监狱里，他光芒四射；在那无情的迫害中，他是钢铁一样的坚强。他指出了人类解放斗争的方向，他告诉人们光明就在前面，你听他怎样歌唱：

> 世界上有一颗明星，它散发着光辉，
> 当它的光透过牢笼照明窗户，
> 我的胸部就呼吸轻松
> 我的心也不再疼痛。

这明星是什么呢？那就是人类解放的道路，那就是一切被压迫的人们斗争的方向,那正是中国人民的革命的目标,也是希腊人民、朝鲜人民、菲律宾人民、世界上所有的人民革命的目标——幸福的社会主义社会乃至共产主义社会。这是诗人的理想,也是世界上所有人民的理想!诗人希克梅特为了这个理想奋斗不息。而且,正如诗中所说,只有在这种伟大的明星一样的光辉照耀下前进,才会得到最后胜利,才会使一切人民"呼吸轻松",不再心痛!

第三,坚定的字句配合着坚定的意志。

诗歌原本就是用来表现一个人的感情的。感情又是思想的一种表现,一种直接的具体的表现。因此我们可以说,没有好的思想,也不会有好的感情。希克梅特是有伟大理想的,是和人民怀有同样理想的,他的感情也是伟大的同情,伟大的爱——热爱祖国,热爱真理,热爱所有在奋斗中的人民,热爱人类的理想的将来。他这样想,他就这样写出来,他的文字就和他的感情一样热烈坚定。你看,"不,我的心不在这里",已经很坚决了,但他总是重复一句"医生,不在这里"。在前四节里,他一节比一节更热情地歌唱着,特别是每一节的最后的两句。你念一念看,等你念到:

我只有一颗心,可以把它
交给那些一天比一天
无法生活的人们。

你的感情也被诗句燃烧起来了——你会感到诗人和被压迫的人民在一起，你也和他们在一起了。

《我的心》是一首好诗，不容易把它讲得非常仔细。少年朋友，你多念几遍吧，多念可以帮你理解得更深刻。在一九五〇年七月号的《人民文学》上，还有几首这位诗人的诗，可以供你参考，增加理解。

刊于《开明少年》一九五一年第六十八期